右玉

YOUYU
YOUYU JINGSHEN
ZHU TUOPIN

“右玉精神”助脱贫

郭克莎 ◎等著

中国出版集团
研究出版社

图书在版编目 (CIP) 数据

右玉 :“右玉精神” 助脱贫 / 国务院扶贫办
组织编写 . -- 北京 : 研究出版社 , 2020.11
ISBN 978-7-5199-0751-8

Ⅰ . ①右… Ⅱ . ①国… Ⅲ . ①扶贫 - 研究 - 右玉县
Ⅳ . ① F127.254

中国版本图书馆 CIP 数据核字 (2019) 第 184494 号

右玉:“右玉精神”助脱贫
YOUYU :“YOUYU JINGSHEN”ZHU TUOPIN

国务院扶贫办　组织编写

责任编辑: 张　璐

研究出版社 出版发行
(100011　北京市朝阳区安华里 504 号 A 座)

河北赛文印刷有限公司　　新华书店经销

2020 年 12 月第 1 版　2020 年 12 月北京第 1 次印刷
开本: 710 毫米 ×1000 毫米　1/16　印张: 13.25
字数: 170 千字

ISBN 978 - 7 - 5199 - 0751 - 8　定价: 30.00 元

邮购地址 100011　北京市朝阳区安华里 504 号 A 座
电话 (010) 64217619　64217612 (发行中心)

《右玉："右玉精神"助脱贫》编写组

主　　编：郭克莎　李小宁

编写人员：彤新春　李春晖　茹英杰　荣利颖

任　曲　赵意焕　王艳红　张客莉

目　录

概　要

右玉坐落在晋西北边陲，北与内蒙古的和林格尔县、凉城县为邻，西与平鲁区相邻，南与山阴县接壤，东与大同市左云县为邻。东西宽约45.7公里，南北长约67.7公里，土地平面图略似一片宽大的阔叶。地理坐标为北纬39° 41 ' 18 " –40° 17 ' 54 "，东经112° 07 ' 18 " –112° 38 ' 35 "，是古北方要地，尤其以古关杀虎口为“咽喉之地”。正是由于处于“三北”区域长城线上潜在沙漠化地带，也就注定了这方土地地理环境的恶劣。全县平均海拔1400米，最高点红家山台顶海拔1969.3米，最低处杀虎口（苍头河出境处）海拔1230米，高低相差739.3米，构成了由东南向西北倾斜的地貌特征，是西伯利亚和蒙古高原冷空气南下的必经之地。加上西北杀虎口大风口的直贯，区内冷空气经常堆积，风大而且频繁，因而在冬春季节多沙尘甚至发生沙尘暴天气。

全县国土总面积1969平方公里，辖4镇6乡1个风景名胜区，288个行政村，总人口11.4万，现有农村户籍人口9.04万（2014年底统计），耕地面积87万亩，林木绿化率55%，是全省36个国定贫困县之一，也是朔州市唯一的国定贫困县。全县共认定贫困村129个、贫困人口8035户16337人。

2014年以来，右玉坚持以习近平总书记对右玉精神的重要批示指示精神为指引，始终把脱贫攻坚作为最大的政治任务和首要民生工程，按照“四个切实”“五个一批”“六个精准”的要求，持续加大特色产业、资产收益、社会兜底等帮扶力度，加快提升公共服务水平，贫困人口大幅减少。根据国务院扶贫开发领导小组向山西省扶贫开发领导小组反馈右玉县退出专项评估情况，截至 2017 年 12 月 20 日，右玉贫困发生率为 0.46%，群众认可度 99%。2018 年 8 月 8 日，山西省政府正式宣布右玉县脱贫摘帽。

右玉这个森林覆盖率由 1949 年不足 0.3% 的不毛之地，一跃发展到 2018 年的森林覆盖率超过 54% 的中国宜居县；从 2010 年认定的国家级贫困县到如今贫困发生率低至 0.46%（2017 年 12 月 20 日统计）。右玉的脱贫攻坚之路，受益于七十年如一日的生态逆袭之旅，更受益于一代接一代共产党人高举立党为公、执政为民的发展理念，以及十余万右玉百姓对这片热土的眷恋。总结研究右玉脱贫摘帽的做法和经验，具有重要的理论和实践意义。

在国务院扶贫办的领导和支持下，全国扶贫宣传教育中心把右玉脱贫摘帽经验的总结研究列入重点研究计划，黄承伟主任亲任课题组组长，组织来自国家人社部、中国社科院、北京师范大学、首都师范大学、中国医师协会的十多位不同学科领域的专家学者，历时一年，通过文献查阅、深入调研、入户访谈、县乡村三级座谈等方式，总结右玉脱贫经验，感受右玉脱贫摘帽后的变化。

一、右玉脱贫攻坚的主要做法与经验

第一，坚持习近平新时代中国特色社会主义思想的引领。在习近平总书记关于扶贫工作的重要论述指导下，右玉县充分发挥党的领导核心作用，深入学习贯彻习近平新时代中国特色社会主义思想和省、市部署要求，严格落实中央和省、市委关于脱贫攻坚的重大战略决策，坚持把脱贫攻坚作为重大政治任务和首要民生工程，层层压实责任，精准有力推进。

特别是2017年6月，习近平总书记视察山西时对右玉精神第四次作出重要批示指示，极大地鼓舞了全县人民干事创业的热情。县委、县政府把打赢脱贫攻坚战作为贯彻落实习近平总书记对右玉精神重要批示指示精神的重大举措和具体行动，提出了举全县之力，高标准率先脱贫摘帽，为全省作出示范的目标。省、市对右玉的脱贫攻坚工作高度重视，制定出台了支持右玉脱贫攻坚、绿色发展的重大举措，特别是成立了朔州市弘扬右玉精神领导小组，进驻右玉指导督导脱贫攻坚工作。在各级各部门的关心支持和全县干部群众的实干努力下，右玉脱贫攻坚取得显著成效。

第二，坚持抓党建引领脱贫攻坚，激发内生发展动力。在扶贫工作中，党组织始终发挥着主导作用。右玉县委为全面贯彻落实党中央关于打赢脱贫攻坚战的决策部署，结合全县的实际情况，以弘扬右玉精神为根本动力，以加强“三基建设”为主要抓手，着力夯实党建基础，推行“党建+脱贫攻坚”模式，凝聚起脱贫攻坚的强大合力。在激发广大党员干部工作热情的同时，右玉县委也狠抓脱贫工作中的问题。建立工作督导巡查和观摩评比制度，对各级党组织开展的脱贫攻坚工作巡查常态化，采取现场观摩、现场评分、现场整改的方法，保证了脱贫攻坚工作问题解决的及时性和确定性。对在工作中表现出精力不集中、措施不聚焦、作风不扎实、效果不明显的包村干部和驻村工作队实打实地进行问责，对不能完成扶贫任务和弄虚作假的现象进行严肃处理，明确底线问题不容侵犯的态度。

第三，坚持发展特色产业，实施精准扶贫。产业扶贫是指以市场为导向、以经济效益为中心、以产业发展为杠杆的扶贫开发过程，是促进贫困地区发展、增加贫困农户收入的有效途径，是扶贫开发的战略重点和主要任务。产业扶贫是一种内生发展机制，目的在于促进贫困个体（家庭）与贫困区域协同发展，根植发展基因，激活发展动力，阻断贫困发生的动因。在产业扶贫方面，右玉县委、县政府立足贫困地区资源禀赋，以市场为导向，充分发挥农民合作组织、龙头企业等市场主体作用，建立健全产业到户、产业到人的精准扶持机制，每个县建成一批脱贫带动能力强的特色产业，每个贫困乡、村形成特色拳头产品，贫困人口劳动技能得到提升，贫困户经营性、财产性收入稳定增加。截至 2017 年底，右玉县实现了 7778 户 15918 人脱贫、126 个贫困村退出，贫困发生率降至 0.46%；2018 年剩余 3 个村 418 人，贫困发生率 0.048%。农民人均收入大幅提升，生产生活条件明显改善，上学难、就医难、行路难、饮水不安全等问题明显缓解，人民群众幸福指数大幅提升，全县已经成功脱贫。

第四，尊重自然规律，实现生态脱贫。目前，右玉以“龙头企业带动、技术服务支撑、现代园区示范、市场体系保障”的现代农业产业体系日渐成熟。以绿色旅游、体育竞技特有的魅力，提升旅游品位。右玉县被国家体育总局命名为“特种旅游基地”“越野摩托车比赛训练基地”，也成了京津内蒙古地区自驾游、生态休闲游的首选之地。从不毛之地到塞上绿洲，绝非一日之功，而是十几年如一日的点滴积累，是非凡的恒心铸就的量变才能实现从沙丘到绿洲的质的飞跃。一旦出现唐突冒进，都有可能使前人所有的努力付诸东流。然而，新中国成立以来，右玉一代又一代的县委书记一直坚持着“功成不必在我”的信念，始终坚持科学发展，根据右玉当地的地质、水文、气候等实地调研的基础进行植树造林的科学规划。虽然右玉的建设耗时长，但却因其科学合理的规划而避免了很多不必要的弯路，也少走了很多错路。

第五，坚持因地制宜，探索绿色发展。要想摆脱贫困，仅仅恢复生态开发资源是远远不够的。县委、县政府领导班子因地制宜，在已经大大改善的生态环境的基础上，结合右玉深厚的历史文化底蕴，开始发展旅游产业。2017 年，省委、省政府批准右玉成立全省首家省级生态文化旅游开发区和特色种植业。在省委、省政府的大力支持下，右玉县咬定绿色发展不放松，以杀虎口－右卫文化创意园、环县城生态产业园、苍头河湿地体验带为核心，努力打造习近平总书记“两山”理论示范区和推动绿色发展先行区。在全国小杂粮基地县的基础之上，右玉继续进一步深化精杂粮产业，提高贫困户种植项目补贴。因户制宜、因村制宜、精准扶贫，右玉县就是这样把科学发展与多种经营结合起来，全面统筹，为右玉群众改善生活开拓了多条道路。既发展了右玉的经济，提高了居民的生活质量，又符合客观规律，保护了当地的生态环境，顺应了人们的生活方式和品质的内在要求，极大地加快了右玉脱贫摘帽的进程。

第六，开展社会兜底保障，推进精准脱贫。右玉县紧紧围绕县委、县政府脱贫攻坚发展战略和行动计划，结合民政工作职责，强化制度保障，整合各方资源，统筹推进社会救助体系建设，充分发挥社会救助的兜底保障功能，按照脱贫“社会保障兜底一批”的要求，健全完善社会救助制度，编密织牢托底安全网。

第七，坚持政府主导和社会参与相结合。右玉县委坚决贯彻落实发动全党全社会的力量打赢脱贫攻坚战的指示，继承红色精神，广泛发动各方面有生力量，坚持政府主导和社会参与相结合，广泛动员和凝聚社会力量参与扶贫，形成了政府、市场、社会互为支撑，专项扶贫、行业扶贫、社会扶贫“三位一体”的大扶贫格局。充分发挥非公经济和社会组织中党组织的战斗堡垒作用，引导非公企业和社会组织参与脱贫攻坚。对吸纳贫困人口就业的县内企业，按规定给予税收优惠、职业培训补贴等政策倾斜。加强与市派联村企业沟通对接，形成帮扶企业。既与贫困村结对，也与产业发展结对，引导联村企业通过公司化、股份化运作方式，推动贫困村产业向种、养、加、销一体化方向发展。

二、案例代表性和价值

历史上，右玉不宜居的生态环境有目共睹，这也是西北地区一些贫困县的真实写照。右玉县是生态建设、治沙的典型，右玉人民发扬艰苦创业的精神，经过近 70 年坚持不懈的植树造林，特别是“三北防护林”等国家重点林业生态工程实施以来，创造了令人惊叹的生态建设奇迹。昔日黄沙漫天的不毛之地，如今变成满眼绿色的塞上绿洲。他们的脱贫摘帽必定是内因和外因的有效结合，相辅相成、缺一不可。右玉县在生态发展和党建引领脱贫攻坚方面，提供了一个很好的样本，适宜向相关地区广泛推广。

现在的右玉以绿闻名，右玉的脱贫道路得益于尊重客观规律，坚持科学发展、统筹规划、多管齐下。这方面的经验同样符合我国建设社会主义生态文明的要求，是对习近平生态文明思想的生动诠释，对于山西全省、全国乃至世界的贫困地区减贫事业，都有着不可多得的借鉴意义。

第一章 右玉县情

新中国成立之初，右玉县被国际环境学有关专家列为人类最不宜生存的地区之一，建议举县搬迁，其生态环境之恶劣可见一斑。由此可见，右玉的贫困与生态恶劣相伴而生，生存问题先于发展问题就是右玉人面临的必然选择。尽管面临着这样那样的问题和困难，右玉也有着独特的区位优势、人文传统以及不同一般的自然资源和发展底蕴。

第一节 右玉的区位与环境资源

右玉坐落在晋西北边陲，北与内蒙古的和林格尔县、凉城县为邻，西与平鲁区相邻，南与山阴县接壤，东与大同市左云县为邻。东西宽约 45.7 公里，南北长约 67.7 公里，总面积 1969 平方公里。县城在新城镇，距省城 295 公里，距首都 463 公里，距国境线 585 公里。[①] 地理坐标为北纬 39° 41 ' 18 " –40° 17 ' 54 "，东经112° 07 ' 18 " –112° 38 ' 35 "，是古北方要地，尤其以古关杀虎口为“咽喉之地”。正是由于处于“三北”区域长城线上潜在沙漠化地带，也就注定了这方土地地理环境的恶劣。[②] 境内山峦环抱，北低南高。南部是洪涛山脉，北部和西部属阴山山脉的延伸部分。全县平均海拔 1400 米，最高点红家山台顶海拔 1969.3 米，最低处

① 陈小洪、赵向东：《右玉文化图志》，三晋出版社 2008 年版，第 2 页。
② 《右玉县绿化志》编委会：《右玉县绿化志》，山西人民出版社 2007 年版，第 1 页。

杀虎口（苍头河出境处）海拔1230米，高低相差739.3米，构成了由东南向西北倾斜的地貌特征，是西伯利亚和蒙古高原冷空气南下的必经之地。加上西北杀虎口大风口的直贯，区内冷空气经常堆积，风大而且频繁，因而在冬春季节多沙尘甚至发生沙尘暴天气。在起伏的丘陵山地中间，插入一个条形断陷盆地。东西两侧均为土石山地，南北两侧为黄土连绵的丘陵，黄土覆盖厚达几十米至上百米。由于长期切割，形成垣、梁、峁为代表的黄土地貌。①

右玉区位交通优势明显。东距山西省大同市80公里，南到朔州市110公里，北至内蒙古呼和浩特市150公里，地处晋陕蒙经济圈的核心区域。境内大同到呼和浩特高速公路东进北出，109国道横穿东西，241国道、准池运煤铁路和正在建设的山西西纵右玉到平鲁高速公路纵贯南北，同煤铁丰铁路东出右玉连通大秦铁路。

右玉县属温带大陆性季风气候，冬季严寒少雪而漫长，春季风大少雨而干燥，夏季温热适宜而多雨，秋季虽凉爽宜人却很短暂。据有关气象资料显示，本县区域内气温的年较差和日较差都很大，年均气温3.6℃，极端最高气温36℃，极端最低气温零下40.4℃，平均日温差为15.4℃，冬夏气温最大年较差69.7℃。②日照充足，无霜期短，年平均为110天。土壤主要以栗钙土和风沙土为主，质地较粗、结构性差、抗侵蚀能力差，极易发生风蚀、水蚀、沙化等现象，特别是容易形成地表径流，造成严重的水土流失。其最为直接的表现就是山洪暴发和沙尘暴肆虐。右玉县素有“十年九旱”之说，年均降水量只有443毫米。本县气候最显著的特征就是风大且频繁，年平均风速为2.7米/秒，风速大于等于3.0米/秒的日数可达240天，一年中六级以上大风日数平均为57天，八级以上大

---

① 陈小洪、赵向东:《右玉文化图志》，三晋出版社2008年版，第3、4页。

② 《右玉县绿化志》编委会:《右玉县绿化志》，山西人民出版社2007年版，第10页。

风日数平均为28.8天，最大风速20米/秒。本县自然降水少，日照时间长，蒸发强，年平均蒸发量为1761.3毫米，蒸发量是降水量的4倍，其中5、6月占全年蒸发量的30.2%，年平均绝对湿度为6.3毫米。在这种情况下，所有作物生育期都处于缺水状态，常感水分不足，植被生长质量差，地表植被覆盖速度慢，容易形成土壤沙化，造成水土流失。右玉县地处亚欧大陆腹地的高原地带，境内的生物多样性和生物量一直处于较低水平，生态系统的抗干扰能力较差，致使右玉的生态环境不断恶化，植被逐渐消退，气候灾害、生物灾害、地质灾害频发，冰雹年年均有发生，平均每年降雹5天，最多10天（1959年），最少也有2天（1972年）。右玉处内陆山区，距海很远，大量暖湿气流难以深入，加之地表植被覆盖率低、降水量少、年际变化大、年内分配不均、雨季早晚不一、地表径流大、土壤沙化、蓄水力差、渗透力强、蒸发旺盛等原因，干旱频繁发生。秋霜危害程度大于春霜冻，黑霜比白霜危害程度更大。不同地形霜冻迟早、危害程度是不同的，小盆地、谷地、洼地由于地势低洼、地形闭塞、冷空气易堆积，霜冻早而严重，故有"霜打洼"之说。洪涝灾害虽时间短、范围小，但多属局部性灾害。虫害年年发生。地质灾害主要是地震，据史料记载，历史上曾发生过多次地震，造成屋毁人亡。太阳辐射强、光照时间长、温度日较差大、自然降水少、大风日数多是新中国成立初期右玉县气候的主要特征。据清代末年《右玉县地理》记载：这里"遍地游沙，随风旋转，稼穑不能，畜牧不便，是不毛之地也"。新中国成立初，全县仅有残林8000亩，覆盖率为0.3%，生态严重失调，风蚀、干旱造成的土地沙漠化十分严重。全县土地总面积达294万多亩，其中沙漠化面积约225万亩，占总土地面积的76.2%。

右玉产业资源较为丰富。矿产资源主要有煤、高岭岩、硅线石、花岗岩等，其中煤田面积165平方公里，储量达34亿吨；工业经济以煤电、新能源、农副产品加工为主，火电装机容量 60 万千瓦，新能源装机容量达 130 万千瓦；右玉农业优势明显，是全国小杂粮基地县，也是山西唯一的半农半牧县，以燕麦为主的杂粮种植面积稳定在 40 万亩；右玉羊肉获得国家地理标志认证，全县羊的饲养量达 75 万只，天然草地达 78 万亩。特别是建成了以绿色食品加工为主的工业园区，基本实现本地农副产品就地加工增值。

第二节　右玉的历史文化

右玉历史文化积淀深厚。自古以来是中原农耕文明和北方游牧文明的融汇地，尤其是境内的杀虎口，一直是草原游牧民族南下进入中原的重要战略通道。清朝年间，杀虎口作为著名税卡，日进斗金斗银。由于杀虎口的特殊地理位置，右玉作为边塞要冲、西口故里、晋商通道，是一条历史文化的走廊。县内存有古长城 84 公里、古堡 50 多座，因此被中国民间文艺家协会命名为“中国古堡之乡”。

作为我国北方要塞，这里春秋以前一直为北方少数民族所占领。三国时，由于连年混战、匈奴侵边、人口流失，右玉一带成了荒无人烟之地。秦初置善无县，西汉高祖初境内又增设中陵县，隶雁门郡。北魏因拓跋珪建都盛乐（今和林格尔北），右玉属都城近郊，史称“盛乐金陵”。明洪武二十五年置定边卫。永乐七年又设大同右卫。正统年间又将边外玉林卫并入右卫，改称右玉林卫，属大同府。清初改名右玉卫。雍正三年设立右玉县，归朔平府，府治设在右玉。民国时裁府留县，归雁门道。在抗日战争和解放战争时期，是中国共产党和人民群众的革命根据地。

右玉县历史悠久，人文昌盛，是山西省的文物大县、文化大县，有 100 多件文物被省博物馆收藏。在这片古老文明的土地上，出现过不少名人志士。如东魏时期的高市贵，为骠骑大将军，战功显赫，官至晋州刺史。明代的孙祥、何廷魁以及麻贵、麻承训、麻承宣、麻承宗父子均是见诸史书的将领，官职皆在总兵以上。尤其是麻贵更为出类拔萃，官至右都督，与李成梁并为名将，时人有“东李西麻”之称。清代亦有文武进士5人，出任知县、知府。新中国成立后，被誉为中国“装甲兵之父”的耿耀张，爱国将领王国相，著名医学家刘治汉，著名学者、教授刘子威等都是右玉县的佼佼者。

新中国成立后，在党的领导下，全县宣传文化事业在继承中创新，取得了长足的发展。县委宣传部、县文化体育局以及文化馆、博物馆、图书馆等多次受到国家、省、市各级嘉奖；县道情剧团多次在全省文艺调演中获奖；由县文联原主席付品创作的小说《借姑娘》曾被中央电视台改编为电视剧，先后获得过“赵树理文学奖”三等奖、山西省文学艺术创作铜牌奖。

第三节　右玉经济社会发展情况

近年来，右玉县坚持以习近平新时代中国特色社会主义思想为指导，按照朔州市委提出的“生态立市、稳煤促新”的战略和建设“塞上绿洲、美丽朔州”的目标，立足时代要求，结合发展实际，紧紧围绕提升绿水青山品质、共享“金山银山”成果的主题主线，大力实施脱贫攻坚和旅游兴县两大战略，加快建设生态好、产业优、人民富的美丽右玉，全力打造践行习近平总书记“两山”理论示范区，全县经济社会和党的建设各项事业取得良好成效。2017年完成地区生产总值67.19亿元，同比增长9.1%；规模以上工业增加值增长8.6%；固定资产投资18.1亿元，增长10.2%；社会消费品零售总额16.87亿元，增长7.2%；财政总收入完成9.55亿元，增长 51.6%；一般公共预算收入 3.70 亿元，增长 28.3%；预计城镇居民可支配收入 22717 元，增长 7.5%；农民人均纯收入 7161 元，增长 8.7%。脱贫攻坚取得重大突破。2017 年年底全面完成各项任务，成为全省第一批拟退出的国定贫困县，2018 年 6 月份顺利通过了国务院扶贫办第三方评估验收。绿色发展步伐不断加快，2017 年省政府批准设立右玉生态文化旅游开发区，成为全省首家、全国少有的以生态文化旅游为发展方向的开发区，成为践行“两山”理念新的抓手。2018 年更进一步，完成地区生产总值 72.6 亿元，同比增长 4.5%；固定资产投资 23.6 亿元，同比增长 30.2%；社会消费品零售总额 18.3 亿元，同比增长 8.7%；城镇、农村常住居民人均可支配收入达 24285 元、7870 元，分别增长 6.9%、9.9%；一般公共财政预算收入 4.26 亿元，同比增长 14.9%；财政总收入 11.03 亿元，同比增长 15.5%。主要经济指标增幅继续保持在朔州市前列。

近年来，右玉狠抓富民工程，富民产业持续壮大。建成了 3 万千瓦集中式光伏扶贫电站和 2.82 万千瓦联村光伏扶贫电站。推广中药材种植 1.4 万亩，建成 1605 亩高标准现代农业园区、1.1 万亩燕麦优势产业集群、1400 亩鲜食马铃薯生产示范基地、3500 亩小香葱基地。种植燕麦草 1.15 万亩、全株青贮玉米 0.8 万亩，完成青贮窖 5000 立方米、棚圈建设 5000 平方米。培育新型经营主体 180 个、农技推广示范基地 2 个。农村人居环境不断改善。实施了高家堡乡和元堡子镇引黄供水工程，完成 111 个村的饮水安全巩固提升工程，行政村安全饮水达标率 100%。实施了农村安居工程，完成危房改造 6134 户。完成农村人居环境整治三年行动摸底任务。实施了 10 个美丽乡村建设工程。启动了农村闲置凋敝宅基地整治盘活利用工作。右卫镇被评为“国家级特色小镇”。

随着自然生态的优化，右玉在发展文旅方面也是独辟蹊径，先后成功举办了首届塞上朔州长城国际旅游节、右玉生态国际马拉松、“风情西口・生态右玉”北京摄影艺术展、森林音乐会、第十届世界养生大会康养峰会等活动。在北京人民大会堂举办了“践行‘两山’理论发展生态文化旅游”主题推介会，与浙江省安吉县、陕西省延安市、河北省塞罕坝林场、新疆维吾尔自治区阿克苏市成立了“生态文化旅游发展联盟”，共同发表了《右玉绿色宣言》。成功举办了全国首场国际性马匹拍卖会，与太原理工大学合作成立了玉龙国际赛马学院，在全国开了先河。电视连续剧《右玉和她的县委书记们》在央视一套黄金档播出，引起强烈反响。大型音乐舞蹈史诗《为有牺牲多壮志——右玉和她的县委书记们》在全省各地巡演。18 家中央新闻媒体、8 家港澳媒体采访团到右玉县深入挖掘和宣传展示右玉精神。在央视一套新闻联播前、央视七套天气预报时、天安门广场地下通道、北京西客站、北京市中央商务区线路公交车身投放右玉形象宣传广告，进一步让右玉和右玉精神走向了全国。建成了右玉精神主题艺术馆，启动了右玉干部学院二期工程。苍头河国家湿地公园、右卫艺术粮仓改扩建、西口博物馆等项目加快推进。全年接待旅游总人数 290 万，实现收入 26.9 亿元，分别增长 32.4%、28.2%。

为了实现绿色 GDP 的发展追求，右玉千方百计地促进产业结构优化升级。全县 6 座煤炭生产矿井，建成国家一级、二级安全生产标准化矿井各 3 座。清洁能源产业持续壮大。上海斯能威远 10 万千瓦、玉龙牛心堡三期 10 万千瓦、雷公山四期 5 万千瓦 3 个风电项目并网发电。全县清洁能源装机总容量达到 130 万千瓦。农副产品加工业持续发展。中大科技年产 100 万套亚麻酸系列化妆品项目完成设备调试。3 家企业完成有机食品认证，两家企业完成无公害食品认证，23 家企业的 62 种产品通过了 QS 认证，“右玉胡麻油”获得国家原生态农产品地理标志。电商产业蓬勃发展。建成县级电子商务公共服务中心、物流配送中心、电商孵化中心各 1 个，乡镇级服务站 11 个，村级服务点 133 个。开辟了 3 条物流配送线路，电商服务体系渐趋完善。通过商务部国家电子商务进农村综合示范县绩效考核，名列全省第一。全年电子商务网络交易额达 8121 万元，网络零售额 4319 万元。招商引资取得实效。出台招商引资优惠政策，精心筹办了“2018 山西 · 右玉西口风情生态文化旅游招商系列”等活动，积极参加各类招商活动，2018 年签约项目 9 个，合同资金 37.59 亿元，签约项目当年开工率达 66.7%。

第二章 右玉的生态奇迹与“右玉精神”的形成

如今，生态文明建设在国际舞台上占有重要地位，中国的社会发展也离不开生态文明的构建。新中国成立之后，特别是进入21世纪以来，为了改进绿化环保事业与生态环境的可持续发展，党和国家制定了很多行之有效的政策、方针。党的十五大提出可持续发展的实施战略。十六大着重强调“生态环境得到改善……推动整个社会走上生产发展、生活富裕、生态良好的文明发展道路”。[①] 十七大把生态文明的构建作为新时期实现全面建设小康社会的奋斗目标，更为明确地提出了建设生态文明的具体构思，使得生态文明理念在全社会得以巩固。[②] 十七届五中全会提出“提高生态文明水平”的新要求。“十二五”规划中明确写入“绿色发展”，这也诠释了我国走绿色发展道路的决心。[③] 十八大强调阐述生态文明，初次把“美丽中国”作为生态文明建设的远大目标，把生态文明建设摆在“五位一体”的总体布局，提出“大家一定要更加积极主动地保护生态，争取向社会主义生态文明新时代发展”的号召。[④]

① 《十六大报告辅导读本》，人民出版社2002年版，第30页。

② 胡锦涛：《高举中国特色社会主义伟大旗帜　为夺取全面建设小康社会新胜利而奋斗》，人民出版社2007年版，第10页。

③ 《十七大报告辅导读本》，人民出版社2007年版，第20页。

④ 徐琦：《把生态文明建设放在突出地位——党的十八大报告新意解读》，《中国环境报》2012年11月12日。

第一节　右玉的生态奇迹

右玉地处晋西北黄土高原高寒地带，是西伯利亚寒流东移南下的天然大风口，距离毛乌素沙漠不足100公里，自然生态环境极其恶劣。自古风沙肆虐、土地沙化严重，素有“不毛之地”之称。同时，右玉因其特殊的战略位置及其一代雄关杀虎口的要塞地位，历来为兵家必争之地，数千年来战火不断，使得本就脆弱的自然生态遭到了毁灭性的破坏。到1949年，全县只有四万余人口，水土流失十分严重，76%的土地呈现沙漠化或半沙漠化状态，人居状况十分恶劣。右玉一直流传着这样一些民谣：“一年一场风，从春刮到冬。黑夜土堵门，白天点油灯。立夏不起尘，起尘活埋人。”“十山九秃头，洪水遍地流。风起黄沙飞，十年九不收。男人走口外，女人挖苦菜。”“八月恼龙王，洪水大如蟒。”明朝诗人王越在《朔州道中风》中写道：“平地有山皆走石，半空无海亦翻波。”《朔平府志》记载：“每遇大风，昼晦如夜，人物咫尺不辨，禾苗被拔，房屋多摧，牲畜亦伤。”这就是历史上右玉人民生活的真实写照，这种状况一直延续到了中华人民共和国成立。右玉在新中国成立前后，仅有残次林533.33公顷，森林覆盖率不足0.3%，有225万亩土地被沙化，气候寒冷、风沙干旱、水土流失、冰雹霜冻等自然灾害频繁，粮食难收，寸草难生。“走西口”——新中国成立前晋西北人民艰苦凄凉生活的产物，如今已成为那个年代民族文化的一部分，即苍凉的“西口文化”。凄婉的“走西口”民歌中，表达着离人对家乡和亲人的眷恋，对生活的无奈，也反映着晋西北人民在恶劣的生存条件下对美好生活的追求。

新中国成立之初，右玉就存在“不种树就是死路一条”，植树造林是为了解决生存问题，所以必须一切以林为纲，这是符合右玉实际情况的唯一出路。因此，历届县委、县政府与右玉人民一直为此不懈努力。从20世纪开始，他们用简练生动的语言总结了生态建设各个阶段的认识和实践：

50年代：哪里能栽哪里栽，先让局部绿起来。

60年代：哪里有风哪里栽，要把风沙锁起来。

70年代：哪里有空哪里栽，再把窟窿堵起来。

80年代：适树适地合理栽，优质三松引进来。

90年代：退耕还林连户栽，绿色屏障建起来。

21世纪：乔灌混交立体栽，山川遍地靓起来。

正是凭着“一把铁锹两只手”，40余里长的黄沙洼被右玉人在艰苦卓绝的奋斗中逐渐治理，又在1000米高的巴山，堵住西北的风沙口，并且绿化了境内的三条河流。在一场饱含艰辛、全民动员的斗争中，每年都要东进十几米的黄沙终于被绿色屏障锁住，才有了今天全县森林覆盖率55%，植树造林1000万余株，治理沙化面积200万亩的伟大成就。

右玉县在通过植树造林治理荒漠化的过程中不断摸索和总结经验，不断科学提炼和推广应用各种造林技术，如森林调查设计技术、树木培育技术、森林保护技术等，全面调查右玉县的地质地貌、自然气候、森林植被等信息，进而根据实际情况进行科学规划设计，大量种植乡土树种小叶杨和不断引进适合右玉环境的樟子松、油松、华北落叶松等优质树种，经过科学选种、育种和精心种植、培养，并辅以后期的科学抚育和保护，也充分利用飞机播种技术，1949—1959年，共营造大片林约10多万亩，零星植树365万株，育苗约5000亩，封山育林10万余亩。1969—1977年，右玉县总共完成大片造林86万亩，零星植树680万株，育苗0.3万亩。1976年，全县累计初步治理沟壑293条，占总数的38%，其中，利用工程和生物措施结合治理的有184条，造林52万亩，种草 2330 亩，封山育林 1186 亩。1978—1989 年，右玉全县完成县级大片造林和“三北”防护林工程造林计划 80 万亩，零星植树 1000 万株，育苗面积 0.2 万亩，幼林抚育 30 万亩。1989—1999 年，右玉县共完成大片造林 70 余万亩，零星植树 670 万株，累计种草面积达到 250 万亩。2001—2005 年，右玉县完成植被恢复造林 3.96 万亩，保护集体林木 70 万亩，完成人工造林 1.76 万亩，封山育林 4780 万亩，退耕还林 20.4 万亩。荒漠化得到了根本性治理。①

有学者对右玉生态建设划分了几个阶段，大致反映了右玉生态建设的发展历程。

1949—1978 年是右玉生态系统形成阶段。右玉处于黄土高原风沙严重的地区，水土流失、风沙危害十分严重，自然灾害频繁，要改变自然面貌，首先必须发展林业，才能从根本上改变恶劣的环境，创造良好的生产、生活条件。20 世纪 50 年代到 70 年代末是为了改变自然面貌，为生存而绿化，大抓植树造林。经过近 30 年的治理，先后共造林 86.2 万亩，人均 10.4 亩，占宜林地面积 130 万亩的 66.3%，森林覆盖率达 28%，初步控制水土流失面积约 100 万亩。基本上改变了过去缺林少树的状况，改善了农业生产条件。1977 年平均粮食产量比 1949—1957 年翻了一番，油料增产六成，羊增加了四成，猪增加了三倍，以林促农牧的效果非常显著。1979 年，粮食总产 6300 多万斤，人均 765 斤；油料总产 547 万斤，人均 62 斤；羊发展到 10 万只，户均 5 只；猪发展到 4.1 万多口，户均 2.15 口；大牲畜发展到 2.2 万头，户均 1.12 头；人均分配收入 52 元。人民生活水平有了较大提高，生态环境大大改善。1978 年雁北地区遭受了历史上罕见的自然灾害，7 月底以前是大旱，7 月底以后又连续降雨，转旱为涝，

---

① 《右玉县绿化志》编委会:《右玉县绿化志》，山西人民出版社 2007 年版，第 237—244 页。

还发生了风、雹和早霜灾害。与右玉为邻的平鲁县，森林覆被率为 8.7%，粮食减产 48.3%。而右玉县因为森林覆被率较大而且有片林、林带、林网、护岸林，大大减轻了灾情，粮食产量仅比 1977 年减少了 25%。这一时期山、川、沟、丘、梁不同土地上造林种草后，防护体充分发挥作用，右玉生态系统耗散结构初步形成，各子系统之间开始相互作用，系统的整体效应初现，其防护效益已明显反映在环境的改善和农牧业的发展上，系统具备了一定的抗灾能力，生态治理取得初步效果。

1979—1999 年是右玉生态系统形成阶段。前期植树造林形成的大片小叶杨林由于所在地的气候和过去种植技术以及管理跟不上等原因，生长并不理想，大多成为所谓小老头树，而且多为同龄纯林，林内的植株叶片面积明显小于单株单行植株叶面积的 25%，叶色带黄，枯株较多，老熟期即将降临，需要及时地对其进行更新改造，使其既能持久地维护环境，又能促进农牧业的综合发展，产生更大的经济效益。当地群众总结 30 多年的实践认识到：林草并举、互辅替进，是实现生态环境良性循环的根本大计。像右玉这类干旱地区，只造林不种草，不但不利于林分质量的提高，影响覆被速度和经济效益，而且直接妨碍着一个既适应自然生态系统又富有高度生产力的大农业产业结构的建立。为此，右玉县进行了相应的调整，造林种草结合，改变林种结构。20 世纪 80 年代坚持“适树适地合理栽，优质三松（油松、樟子松、落叶松）引进来”，90 年代坚持“退耕还林连片栽，绿色屏障建起来”，使全县荒山秃岭逐步披上了绿装。到 1999 年底，右玉县林地面积达到了 8.67 万公顷，覆盖率达到 40.7%。右玉全县满目苍翠、生机盎然，因树木涵养了水源，河流有水，连气候也发生了变化，降雨量也有了增加，全县人民有了较好的生存和发展环境，全县农林牧及相关加工业有了较大发展，农民生活显著改善。右玉生态系统耗散结构由低级向有序发展，各子系统之间相互作用，系统的整体效应显现，生态治理取得明显效果，并取得了一定的经济效益。

2000年后是右玉生态系统优化阶段。进入21世纪，坚持“乔灌混交立体栽，山川遍地靓起来”，针对全县“山上有林、身边缺绿；远处有林、近处缺绿”的客观实际，右玉县及时调整工作思路，在搞好“山上治本”的同时，加快“森林拥抱城市、绿色进驻村镇”步伐，使山上治本与身边增绿得到了均衡发展。长期不懈的生态环境建设带来了明显的生态效益、经济效益和社会效益，在搞好绿化的基础上实施生态畜牧、生态旅游两大基地建设，使绿色生态向生态经济转变。到2008年，右玉县经济社会发展水平已从原来的山西省第111位跃升到第58位，经济社会发展指数由原来的第94名一举进入山西省前30名。2009年，右玉县财政收入从2002年的不到3000万元猛增到2.8亿元，绿色生态产业产值占到全县国民生产总值的一半，农民人均纯收入70%以上来源于生态产业。全县可持续发展增长速度近3年连续位居山西省第一。右玉生态系统耗散结构由有序向高级有序发展，各子系统之间开始协调，促使生态系统整体效应向着最优方向发展，右玉县的经济社会初步走上了可持续发展的轨道。①

半个多世纪以来，右玉人民的生态文明建设理念在绿色接力赛中不断更新，在搞好绿化的基础上实施生态旅游、生态畜牧两大基地建设，绿色生态向生态经济实现了与时俱进的转变。从开始为生存而种树，到现在为发展而种树，右玉正经历着由绿向富的转变。“新时期右玉依然坚持与时俱进的发展理念，围绕绿色做文章，精心打造生态产业链条，着力开发新型煤电能源、绿色生态畜牧、特色生态旅游业三大板块经济，做足做活生态文章，达到经济效益、社会效益和生态效益的协调发展。”右玉人就是凭借“生态立县，绿色发展”的新发展理念，经过几十年的努力建立起了

① 杨国华、肖晋宜:《从耗散结构理论看山西右玉生态建设》,《中国城市经济》2011年第3期。

一条颇具规模的、以“梁威绿色生态工业园区、元堡循环经济工业园区和一条环县城的清洁能源经济带”为主的绿色清洁能源产业链，而且将一些高新技术产业（如LED）吸引过来，使右玉朝着全力打造绿色新能源产业示范基地的方向努力奔跑着。

第十九任右玉县委书记苏连根说过：“十山九秃头，狂风遍地走。”曾经的右玉常年经受狂风的肆虐、沙尘的洗礼，在这种情况下人们只是想到了植树造林来防治风沙，从未想过这狂风原来也是我们右玉的一种特有能源，具有很高的开发价值。21世纪伊始，县里开始对风能资源重视起来，并作出了一个140万千瓦的风力发电项目规划来招商引资。最终在2009年，右玉小五台风电厂谋划开建，开启了右玉新能源建设的大幕，总投资额近4个亿。从风电厂建成到现在，成绩显著，年发电量可达6950万千瓦时，可节约煤炭资源约2.47万吨，对一些大气污染物粉尘、二氧化碳、二氧化硫、氮氧化合物的排放量分别减少0.24万吨、1.24万吨、0.042万吨、0.024万吨。① 在环保和经济效益方面达到了双赢的效果，成为山西省最大的风力发电基地。在风力发电厂取得显著成绩后，右玉人民并没有停止脚步，而是不断地寻找新的可循环利用的绿色新能源。现如今，国电投资建设的1万千瓦太阳能光伏发电项目已经在右玉投入运行；引进煤矸石电厂和泉鑫高岭土公司将废弃的煤矸石也变废为宝合理利用起来。

从“提篮小卖”到建园区、创品牌，从杂而散、单打独斗到汇源、六味斋等大企业引领，右玉农副产品就地转化率达80%，将生态农业之路，从无走到有，从小走到大，走出了一条符合地方特色的农副产业新路线。一条以龙头企业为带动、以园区为载体的现代农业产业之路逐渐清晰：始

① 裴云锋：《从右玉精神到绿色转型》，山西新闻网－发展导报2014年8月1日。

终抓住一条主线即走生态经济的道路，将具有地方特色的小杂粮、牛羊肉作为主攻方向来进行现代化深加工，将一些不为人所知的当地特有农副产品推出去，并且打响知名度，实现就地增值。使右玉逐步实现以龙头企业为带动，不断创立自己特有的新品牌，带动当地产业发展，从而使人民收入提高的这样一种发展新模式，使右玉有更多像玉羊牌羊肉、“金果果”沙棘这样的品牌。

目前，右玉已经形成了羊肉、沙棘、苦荞、亚麻油、牛肉、小杂粮等四大类八个系列68种特色农产品，六味斋、汇源等14家农产品加工龙头企业，以“龙头企业带动、技术服务支撑、现代园区示范、市场体系保障”的现代农业产业体系日渐成熟。以绿色旅游、体育竞技特有的魅力提升旅游品位。全县连续成功举办了多届生态健身旅游节、冰雪旅游节、西口风情文化节，承办了全国大学生越野三项邀请赛、汽车短道拉力赛、摩托车越野赛等多项国家级体育赛事。右玉县被国家体育总局命名为“特种旅游基地”“越野摩托车比赛训练基地”，也成为京津内蒙古地区自驾游、生态休闲游的首选之地。右玉农村环境优美、民风淳朴，围绕农家庭院、民俗风情、农家生活和乡村文化，着力建设与乡村旅游度假相结合的休闲旅游特色村，一批集休闲、娱乐、体验、旅游为一体的农村游项目，在右玉兴盛起来。

如今，在右玉县，以农家乐生态游、户外特种体育游、西口文化游三大特色游为“藤”，以沿途一批乡村和景点为“瓜”，集吃、住、行、游、购、娱于一体的生态旅游，正吸引着大量外来的游客。绿树悠悠，生态兴县。当今的右玉已对全国乃至世界敞开了胸怀，小杂粮和牛羊肉远销日本、韩国、东南亚和中东地区。22个省内外和国家的有关项目落地建设和投产，全国性的生态健身节、独轮车锦标赛、短道汽车拉力赛、越野摩托车锦标赛等在此举行，生态旅游、边塞文化旅游2007年达50万人次，

2017年达到215万余人次。时代理念引导着右玉又好又快地奔向“生态好产业优人民富的美丽右玉”的宏大目标。

第二节 “右玉精神”的形成

在改善生态环境的过程中，一代又一代右玉人的艰苦奋斗铸就了“右玉精神”的形成。习近平总书记先后多次对右玉作出重要批示，他指出：“右玉的可贵之处，就在于始终发扬自力更生、艰苦创业、功在长远的实干精神，在于始终坚持为人民谋利益的政绩观”，“右玉精神体现的是全心全意为人民服务，是迎难而上、艰苦奋斗，是久久为功、利在长远”，并要求大家“要有‘功成不必在我’的境界”。

首先，右玉人70年的艰苦创业，染绿了大地，改变了山河，改善了人民的生活水平，同时也凝练造就了一种难能可贵的右玉精神。

右玉精神体现在四个方面：艰苦奋斗，无私奉献的优良作风；坚持不懈，矢志不渝的坚定信念；开拓创新，负重赶超的发展意识；以人为本，实事求是的执政理念。不论是新中国成立初百废待兴的恢复期，还是大炼钢铁、“大跃进”的冒进期；不论是以“阶级斗争”为纲的“文革”极左时期，还是“有水快流”的改革开放初期，右玉历届领导班子始终从县情实际出发，咬定青山不放松，排除一切干扰，把植树种草、改善生态作为全县的头等大事，克服各种困难，带领干部群众摸爬滚打在栽树的第一线，顽强执着地为右玉大地披绿增翠，全身心地为右玉人民和子孙后代造福谋划。

到1964年6月，右玉全县完成人片造林14万亩，营造大型防风林带8条（包括公路绿化），森林覆盖率增长到6.88%，初步控制了水土流失，大大改变了右玉风大沙多的自然面貌。右玉初步打赢了“生存战”。

“到20世纪80年代，虽然右玉已经是山西省乃至全国‘林业先进县’，但综合发展情况不容乐观：1983年全县财税收入只有207万元，粮食平均亩产只有几十斤”。谋发展成了右玉的头等大事。1983年，以袁浩基为县委书记的新一届领导班子制定了“种草种树、发展畜牧、促进农副、尽快致富”的发展方针，打破了过去单一林业的思维。20世纪90年代的“绿色通道”工程、“灌木经济”思想等打破了过去只讲生态和社会效益而不讲经济效益的观念，形成了生态、经济、社会效益并举的格局，右玉“发展战”的大幕逐渐拉开。进入21世纪，右玉已经不再为自然生态环境的威胁而发愁，也不再为追求单纯的经济效益而担心，21世纪的右玉是为文明而战的右玉。以吴秀玲为县委书记的现任领导班子已打破从生态看生态的思路，正从传承弘扬右玉精神的新高度和建设生态文明的新要求出发，坚持以新发展理念为指导，围绕提升绿水青山品质、共享“金山银山”成果的主题主线，以“生态旅游+”为引领，发挥右玉独特的生态优势和历史文化底蕴深厚的优势，推动文化与旅游深度融合发展，坚持精品化打造，弘扬“右玉精神”。①

旧右玉的自然环境已经到了废弃家园、全县搬迁的边缘，旧县城三丈六尺的城墙已被黄沙吞没；而气温高寒、无霜期短的地理条件，又决定了只能是“几十年树木”而不是“十年树木”。历届县委、县政府团结带领干部群众肩负起脆弱生态的历史欠账和恶劣环境的沉重负担，以“愚公移山”的精神展开了全民性、历史性的“绿色长征”，其中不知迎来过多少点滴成功和阶段性大捷，也不知经历过多少艰难困苦和挫折失败。右玉的生态建设经历了历史风雨和政治风云的磨难：“大跃进”中的“大炼钢铁”，之后的“阶级斗争”“以粮为纲”和“十年浩劫”，以及改革开放后

① 党志峰、苏靖婷:《新时代右玉精神发展理念的新意蕴》,《山西高等学校社会科学学报》2018年第3期。

局部出现的“GDP至上”等。这些失误、挫折和偏差在右玉留下了一定痕迹，但右玉生态建设的大事业、总方向没有改变，并在排除干扰中不断积累、拓展和提升。在右玉县委1958年的工作计划中，明确写有“在运动中保证不发生人畜伤亡事故”，植树造林要防止“发生影响质量，造成劳民伤财现象”。右玉县政府1986年发出通报，决定对超采林木7.2立方米的某村支书、村委会主任处以100元和70元罚款。正是这种坚韧不拔、负重拼搏的优秀品格，成就了右玉70年改善生态、可持续发展的伟业。那一片片郁郁葱葱的“民兵林”“青年林”“巾帼林”“工友林”“情侣林”，一串串造林英雄余晓兰、王俊、毛永赛、王占峰、韩祥、赵枝等闪光的名字，《右玉县绿化志》上一届领导班子植树造林的决策和事迹，就是这一优秀品格的最好写照。

半个多世纪以来，右玉干部群众的时代理性随着“绿色接力”不断升华，主要表现在：实施科学造林，形成了“通道绿树阴坡松，沟底河岸播沙棘，缓坡柠条混牧草，适宜地区间药材”的独特模式；创新管理机制，在义务植树、“四荒”治理、项目造林和林木保护中，完善了制度、强化了责任、加重了激励、硬化了法治；推动生态升级，在搞好绿化的基础上实施生态畜牧、生态旅游两大基地建设，使绿色生态向生态经济转变。当今的右玉已对外敞开了胸怀，一大批本省、外省和国家的有关项目落地建设和投产，全国性的生态健身节、独轮车锦标赛、短道汽车拉力赛、越野摩托车锦标赛等在此举行，边塞文化旅游方兴未艾。时代理性引导着右玉干部群众，又好又快地奔向“生态好产业优人民富的美丽右玉”的宏大目标。

在右玉，干部常说“右玉的老百姓不容易”，群众常说“干部为我们担当了许多”；前任干部说“我佩服后任几届，他们奔得更快、更欢、更远”，后任干部说“忘记过去就意味着背叛，右玉50多年的绿化创业史，启迪我们艰苦奋斗、与时俱进、开拓创新”；干部队伍中“当面互勉背后夸人”已成为一贯的浓厚风气。一位县级老干部说，我们是古代戍边将士的后代，在抗日战争和解放战争中甘做牺牲，特别重集体、能凝聚、讲奉献。的确，在这片凝结了中华民族传统和“太行精神”的土地上，在向恶劣环境挑战和全民持久的“绿色长征”中，右玉干部群众同心同德、和谐奋进的价值取向提升到了极致，创造了令世人惊叹的塞上奇迹。右玉的这一“精神生态”比自然生态更具吸引力、凝聚力。①

除了县委书记、县长，还有许许多多党员干部在平凡的岗位上奉献，创下了不平凡的业绩。曹满荣，这位身体残疾身患癌症的老党员，每到季节，他都要拖着残腿，忍着病痛，和其他人一样上山植树，山坡陡峭，人站不稳，他就跪在地上刨坑，不停息，不放弃！血泡将铁锹的木柄染成了红色，鲜血滋润着这片埋着希望的土地；云南姑娘余小兰，从四季如春的南国来到这漫天风沙的北域，20年里硬是把3万亩沙滩改造成了绿地；复员军人王俊，担任支部书记12年，营建了1500亩林地，最终病死在树林里；支部书记毛永赛，在只有两年的任期中，造林1万亩，年仅31岁，生命的鲜血便融化在绿色的天际……

其次，“右玉精神”是右玉人民坚定革命意志、追求崇高理想的产物。

“右玉精神”形成和发展的客观实践活动始终体现了解放思想、实事求是、与时俱进的统一。新中国成立初期，由于特殊的自然条件，风沙吞蚀着右玉人民的根本利益，右玉挑战风沙、改善生态的壮举，从最直接的初衷——改变“男人走口外，女人挖野菜”的悲苦命运，到后来逐步深化上升为一种为人民争得生存条件和走向富裕、造福子孙后代的理念，视野越来越开阔，眼光越来越长远，思想也越来越解放。正是在这种思想的指导

① 中共山西省委党校理论研究中心:《论“右玉精神”的内涵与价值》,《前进》2009年第7期。

下，县委、县政府班子从第一任书记起就痛下决心向高寒、风沙和荒漠化挑战，带领群众构筑绿色屏障，开始了70年的植树造林和生态建设之路。可以说，没有思想上的解放，没有一切从实际出发的态度，没有敢闯敢干的气魄，右玉广大干部群众就不可能成功创造“塞上绿洲”这个人间奇迹。

“右玉精神”所蕴含的崇高理想与共同信念，是中国特色社会主义共同理想的鲜明写照。以马克思主义为指导的中国共产党人，始终坚持崇高的理想，坚持理想主义与现实主义相结合，使崇高理想成为我们党、我们民族精神生活的重要组成部分。在植树造林过程中，中共右玉县委和广大党员干部胸怀崇高的理想和信念，把彻底改善全县生态环境问题当作头等大事来抓，心里始终装着全县人民的疾苦。历届领导班子都牢记使命、倾心付出，一年又一年，一代又一代，把“绿色接力”不断推向新高度，扩展开一片绿色，留下了更多福祉；县乡村干部队伍率先垂范、身先士卒，带头做到“一把铁锹两只手，觉悟加义务，苦干加实干”，许多人物和故事被群众传诵，被子孙后代铭记。至今，仍有退休的县级老干部远居山村，继续着执着一生的植树造林事业。他们发扬无私奉献的精神，积极带领群众艰苦创业、共同致富，表现了共产党人的高尚道德情操。同时，右玉人民胸怀建设社会主义的伟大理想，以“愚公移山”的精神展开了全民性、历史性的“绿色长征”，其中不知经历过多少艰难困苦和挫折失败，也不知迎来过多少点滴成功和阶段性大捷。至今，“三战黄沙洼”的经历仍在干部群众中流传，参加者以此为豪，后来者以此为勉。正是那场上千人动员、历时数年、屡败屡战的“绿色战役”，最终锁住了每年都要东进十几米的黄沙，取得了“决定性胜利”，写下了右玉绿化史上的重要一页。更为可贵的是，在改革开放和发展社会主义市场经济的条件下，这种“觉悟加义务，苦干加实干”的追求越发坚定，县级机关义务造林区遍布山坡，人工湖的挖掘和南山公园的建设也主要靠机关干部的义务劳动，应当说，右玉挑战风沙、改善生态的历史，也是一部共产党人践行执政为民、造福于民宗旨的历史。“右玉精神”的形成与发展过程，充分体现了中国共产党人的崇高理想和先进性本色，是中国特色社会主义共同理想在那个激情燃烧的岁月里的鲜明写照。

“右玉精神”所蕴含的自力更生、艰苦奋斗精神，是民族精神的时代体现。民族精神是一个民族赖以生存和发展的精神支撑，自力更生、艰苦奋斗精神是中华民族精神的重要组成部分。艰苦奋斗是我们党的传家宝，是右玉人民在战天斗地伟大实践中攻坚克难的重要法宝，也是右玉精神的本质特征。“塞上绿洲”的奇迹是自力更生、艰苦奋斗精神在三晋大地的又一次彰显。

由于历史上长期战事频繁，新中国成立初期的右玉自然环境极度恶化。面对恶劣的自然环境，为了生存，他们选择了一条植树造林、防风治沙的道路，开始了长达70年的“绿色长征”。硬是把昔日荒山秃岭的“不毛之地”变成了如今林木绿化率达55%的“塞上绿洲”，成就了右玉70年改善生态、可持续发展的伟业。右玉人民在艰难困苦中百折不挠、顽强拼搏的创业精神，体现了中华民族历经曲折而愈挫愈勇、饱受磨难而自强不息的优秀品质，展现了当代中华儿女的精神风貌和时代风采。

“右玉精神”所蕴含的知耻明辱精神，是进行社会主义荣辱观教育的生动教材。社会主义荣辱观与我国现阶段倡导的道德价值导向和价值目标紧密联系在一起，涵盖了个人、集体、国家三者之间的关系，反映了中华民族精神和时代精神的根本要求，是引领社会风尚的一面旗帜。在右玉植树造林建设过程中，广大干部群众“以热爱祖国为荣”，坚持爱国主义和集体主义精神，把改善生态环境事业看得高于一切个人私利；广大干部“以服务人民为荣”，坚持全心全意为人民服务，把人民利益看得高于一切，从不计较个人得失；广大人民群众“以团结互助为荣”，70年来，如果没有全县几代广大干部群众的紧密团结，如此大型的生态绿化改造工程是不可能顺利完成的；广大人民群众“以艰苦奋斗为荣”，把个人的吃苦精神融进了生态绿化、改变环境的大业之中，艰苦创业。右玉人民的这种精神风貌，是中华民族传统美德、优秀革命道德与时代精神的有机结合，体现了高尚的爱国主义、集体主义、社会主义、共产主义思想，代表了新型道德风尚的本质要求。而对于当前社会主义荣辱观教育来说，“右玉精神”无疑是一部历久弥新、永远鲜活的生动教材。

在右玉人民70年奋斗的历史进程中所形成的“执政为民、艰苦奋斗”的右玉精神，也是新时期中华民族精神的鲜活体现。它表现为一种突破陈规、大胆探索、勇于创造的思想观念，一种不甘落后、奋勇争先、追求进步的责任感和使命感，一种坚韧不拔、自强不息、锐意进取的精神状态，体现出当代中国发展进步的要求。“右玉精神”源于实践、贴近时代、立意深刻、内涵丰富，为建设社会主义核心价值体系注入了新的内涵，使党的优良传统焕发出新的时代华彩，是时代精神在三晋大地最好的证明。“右玉精神”是我们党多年来执政为民、践行宗旨的一个缩影，是党的发展理念的质朴诠释和成功实践，“右玉精神”既有对老区精神和传统文化的发扬和传承，又有社会进步和时代发展的鲜明印记，是山西省践行社会主义核心价值体系的一个典型，也是我们的又一宝贵精神财富。①

① 赵剑云、毕雁:《弘扬“右玉精神”践行社会主义核心价值体系》,《山西社会主义学院学报》2011年第1期。

第三章　右玉的贫困状况和扶贫工作的历史

右玉县辖4镇6乡1个风景名胜区，288个行政村，11.6万人。2014年全县农业户籍人口90906人，通过建档立卡精准识别、“回头看”和一系列核查整改工作，共认定贫困村129个、贫困人口8035户16337人。长期以来，受地理区位条件和自然环境条件的影响，右玉人民生活比较困苦，农民群众增收缓慢，特别是土地贫瘠，农业生产条件较差，农村基础设施滞后，农村贫困面比较大，脱贫攻坚的任务十分艰巨。

第一节　右玉的贫困状况

应该说，右玉的贫困状况具有先天性。受恶劣自然环境条件的影响，右玉人民生活比较困苦，首先需要解决的是生存问题，而后才能谈到经济发展。新中国成立一直到21世纪初，右玉人民总是处于与大自然搏斗的状态中，在满足温饱的同时，广大右玉人民从干部到普通群众，不断地拿出自己微薄的收入，投入到无限的买苗植树、绿化荒山的事业中。“当时全县财政收入才1500万元，没压力是假的，坐在后排也难受。”2001年开始担任代县长、之后又担任县委书记的赵向东说，“看到右玉还没完全绿起来，风沙仍然很大，就觉得要种树，继续干！”对于一个长期靠财政转移支付的贫困县，确实没有余力同时干好绿化山林、全民共富这两件大事。

另外，全县经济总量偏小、综合实力不强，产业结构优化不够、融合程度不高，乡村建设相对滞后。特别是土地贫瘠，农业生产条件较差，脱贫难度比较大。进入 21 世纪后，右玉县已建成“塞上绿洲”，更加意识到“由绿到富”的重要。位于煤都山西的右玉，探明的煤炭储量高达 34 亿吨。20 世纪 80 年代末，很多兄弟县市大干快上搞煤炭开发。第 12 任县委书记袁浩基却没有盲目跟风，他疾呼：“绿色不进，风沙就进。耽误植树就是罪人！”多年来，右玉财政收入在山西排倒数，县里干部去省、市开会都得靠后坐。现代经济学的发展表明，无工不富。右玉工业不强，绿色发展高于一切，这也就意味着右玉为了子孙后代的长远幸福，主动牺牲了发展的迫切需求，承担了经济发展滞后的代价。

具体到贫困乡村，总体来看，他们主要分布在偏远山区，缺水、基础设施落后、生产和生活条件较差、交通不便、信息闭塞、农副产品流通不畅，无法及时与市场经济接轨，在一定程度上影响了群众脱贫致富的积极性。农民自身也存在发展致富的约束条件：文化教育落后，人口素质不高，对新思想、新观念、新事物的认识和接受还需要一个过程。文化教育、医疗卫生和社会保障的不足使得一些农民因教育致贫、因病致贫现象时有发生。农民的农技培训、职业培训不足，青壮年劳动力缺乏劳动技能、缺乏技术，影响农户的增收。

第二节　右玉的扶贫过程和进展

尽管右玉自然条件先天不足，但带领群众脱贫致富一直是每一任县领导重点考虑的大事，千方百计为农民增收创造条件。

立足于特殊地理条件和自然资源禀赋，自 20 世纪五六十年代开始，右玉县就成立了燕麦、胡麻等农作物研究机构，力争提升全县主要农作物的产量和效益。80 年代，县里制定了“种草种树、发展畜牧、促进农副、尽快致富”的 16 字方针，并成立了全国唯一的县级沙棘研究所。到了 90 年代，县里大力发展工业企业，以增加财政收入。

可喜的是，尽管右玉山穷水乏，但矿藏十分丰富。据初步探明，在右玉县 1967 平方公里的国土面积上，存在有煤、黄金等矿藏，其中煤炭面积为 165 平方公里，储量达 34 亿吨。“右玉地下有煤，是很早就知道的事。以前工作重点是植树造林，现在条件比较成熟，引进了几家国有大型煤炭企业。”右玉县经信局副局长王世平说，“为了这一天，我们整整等了几十年。”据王世平介绍，自 2000 年以后，右玉的煤炭资源才陆续被开发，“现在每年的产量在 1320 万吨左右，煤炭收入占整个政府财政的 70%。煤炭产业现在已经是右玉的第一大产业，其次是电力和化工。”

21 世纪以来的几任领导干部，深入实际调查研究，在推进脱贫攻坚中，针对每个贫困村和贫困户的不同情况，右玉县委、县政府制定了公益岗位、危房改造、产业帮扶、光伏扶贫、易地搬迁、电商扶贫等多项扶贫举措，有力推进脱贫攻坚各项任务落实。

2015 年，右玉县继续加大了扶贫的力度，完善了扶贫机制、扶贫资金监管机制，制定《右玉县精准扶贫总体规划（2015—2020 年）》，创新扶贫开发工作机制，提高扶贫开发精准度，精准扶贫到户到人，切实做好特色产业、金融扶贫、技能培训、绿色生态、整村推进、社会帮扶、项目管理等工作，确保到 2020 年稳定实现扶贫对象不愁吃、不愁穿，保障义务教育、基本医疗和住房，农民人均纯收入增长幅度高于全国全省平均水平，基本公共服务主要领域指标接近全国平均水平，扭转发展差距扩大趋势，实现“两不愁、三保障、一个高于、一个接近、一个扭转”的目标，实现全面建成小康社会总体目标。右玉县把建档立卡的贫困村和贫困户作为扶持重点，找准和分析致贫原因，坚持分类指导，按照因病、因残、因学、因灾和缺技术、缺资金、缺劳力等原因，逐村逐户落实帮扶措施和责任，“量身定做”帮扶项目，实施动态管理。对重点贫困村编制扶贫规划，确保每个贫困户都有增收渠道，每个贫困村都有脱贫项目，每个贫困县都有致富产业。重点围绕小杂粮、马铃薯、油料、肉羊、牧草和种苗六大特色优势产业，以乡镇牵头、大户带动、项目扶持、企业参与为主要手段，扶持培育新型农业经营主体，发展多种形式适度规模经营，扩大种养规模，延伸产业链条，提升产业化发展水平。扶持发展以牛羊为主的舍饲畜牧业、牧草业，以小杂粮、油料为主的旱作农业，以种苗为主的林业，以马铃薯、大棚蔬菜为主的设施农业，以右玉飞天剪纸等为主的手工业，构建多村一品、多乡一业的发展格局。大力推进“百企千村”产业扶贫开发工程，扶持吸引各类社会资本、民营资本、工商资本到该县实施区域化、规模化的产业扶贫开发。把增收致富、公共服务和改善生产生活条件作为工作重心，完成整村推进。进一步推进村级道路畅通、农田水利基本建设、农村电网升级改造、采煤沉陷区和地质灾害易发区搬迁安置、贫困户危房改造、贫困村信息化、文化扶贫、公共服务提升等工作，改善贫困村生产生活条件。扶持引导贫困农民依托民俗、古迹、生态等资源，发展乡村文化旅游业，促进贫困农民增收致富。进一步加强与金融部门合作，加大金融扶持力度，发展多种形式农业担保，拓宽“三农”融资渠道。特别是要加大农业产业化项目建设的信贷支持力度，引导金融部门降低门槛、放宽条件，多渠道、全方位增加农业资金投入，为农业规模化、产业化发展提供充足的资金保障。探索完善农业保险制度，建立完善的农业保险体系。不断强化技能教育培训，培养一批有文化、懂技术、会经营、善管理的新型农民。提高社会扶贫工作管理服务能力，改进定点扶贫工作。包村领导干部、驻村工作队认真落实扶贫工作任务，切实做到“不脱贫、不脱钩”。大力培育多元扶贫主体，推动民营企业、社会组织和个人参与扶贫工作。探索建立社会扶贫信息服务平台，推进扶贫资源供给与扶贫需求有效对接。大力挖掘帮扶单位潜力，创新工作机制和帮扶形式，发挥好各级帮扶单位特别是省、市帮扶单位的作用。

2016年，右玉公共财政预算收入只有2.89亿元；全县农民人均可支配收入6588元，仅为全国平均水平的53%；产业结构单一，农业产业和文化旅游业尚显薄弱。右玉就把工作重点向这些领域倾斜，近年来，右玉县坚持以生态为特色、文化为内涵、旅游为载体，先后开发了杀虎口风景名胜区、南山森林公园、右卫古城等一批景区景点，举办了全国速度赛马、生态旅游文化节等各类文化体育活动，全面推进生态建设和文化旅游的深度融合，逐步形成了特色鲜明、内涵丰富、吸引力强的生态文化旅游产业体系。特别是举办了多届风光摄影展、油画展，推出了“西口风情”中国右玉油画写生季，加快实施右玉油画写生基地建设，全面叫响“右玉油画写生季”的文化旅游品牌，全力打造全国知名旅游目的地。依托生态资源，成立了全省首家生态文化旅游开发区，总规划面积417.38平方公里，由杀虎口－右卫文化创意园、环县城生态产业园、苍头河湿地体验带三大功能区构成。重点打造了杀虎口、玉龙文体产业园、右卫古城、苍头河国家级湿地公园四大景区，建设了马营河、杀虎口、樊家窑、二十五湾、康平村等乡村旅游景点，布局具有浓郁西口风情的农家乐、乡村客栈和民宿，逐步形成了特色鲜明、内涵丰富、吸引力强的生态文化旅游产业体系。接待游客人次连年攀升，2018年接待游客近290万人次，实现旅游收入28亿元。

生态资源的优化也助推扶贫富民工程的开展，右玉先后成立多个扶贫攻坚造林合作社，2017年至2018年共有430名贫困人口参与了工程建设，年人均增收4589元。2019年造林工程共有476名贫困劳力参与到工程建设中，人均获得劳务收入7983元。依托天保、未成林等管护项目和绿色发展基金，2019 年贫困人口护林员增加至 565 名，年人均收入 8090 元。成立生态旅游合作社，引导贫困人口从事景区餐饮服务、卫生清洁、乡村旅游等工作，实现脱贫 3000 余户，间接受益者达 3 万多人。

第三节　右玉县脱贫成效

自 2005 年以来的十几年时间里，右玉没有再出现沙尘暴天气。过去人们担心的“大黄风”已几乎绝迹。由于林草植被增加，地表径流和河水含沙量较以前减少 60%。绿色带来了良好生态，区域小气候已经形成：平均风速降低 29.2%，年平均降水量较周边地区多三四十毫米。从近 5 年的统计数据看，全县年均气温已从新中国成立初期的 3.6℃上升至 5.2℃，无霜期从不足 100 天增长到 123 天。

2014 年以来，右玉县以习近平总书记对右玉精神作出的重要批示指示精神为指引，始终把脱贫攻坚作为最大的政治任务和首要民生工程，按照“四个切实”“五个一批”“六个精准”的要求，持续加大特色产业、资产收益、社会兜底等帮扶力度，加快提升公共服务水平，贫困人口大幅度减少。对照贫困县退出标准，对脱贫攻坚各项工作认真进行了“回头看”和自查验收，贫困发生率、农村居民人均可支配收入、贫困村退出、基本公共服务领域等主要指标均达到了贫困县退出标准。

2014 年以来，全县累计投入扶贫资金 42980 万元，其中 2014 年投入资金 2848 万元，2015 年投入资金 5229 万元，2016 年投入资金 9255 万元，2017 年投入资金 25648 万元，2018 年投入资金 26040 万元。行政村卫生室、通村公路硬化和开通客运班车等基本公共服务取得明显成效。截至 2017 年底实现了 7778 户 15918 人脱贫（剩余贫困人口 419 人），其中，2014 年脱贫 32 户 77 人，2015 年脱贫 221 户 494 人，2016 年脱贫 1885 户

4025 人，2017 年脱贫 5640 户 11322 人。同时，完成了 126 个贫困村退出序列（剩余贫困村 3 个），其中 2015 年至 2016 年退出 25 个，2017 年退出 101 个。规模以上工业增加值 22.97 亿元，同比增长 8.6%；社会消费品零售总额 16.87 亿元，同比增长 7.2%；财政总收入达到 9.55 亿元，同比增长 51.6%，创历史最好水平；一般公共预算收入 3.7 亿元，同比增长 28.3%。居民人均可支配收入达到 14916 元，增长 8.6%，全市排名第一，其中，农村常住居民人均可支配收入达到 7161 元，增长 8.7%；城镇常住居民人均可支配收入达到 22717 元，增长 7.5%。

总体来看，右玉已经打赢了脱贫攻坚战。表现在以下指标上：

贫困发生率低于 2%。截至 2017 年底，该县有贫困人口 419 人，贫困发生率为 0.46%，比省定贫困退出标准 2% 低 1.54%。按照省脱贫攻坚领导小组对国定贫困县群众满意实际交叉检查反馈结果显示，右玉县群众满意度为 99%，高于省定 90% 的贫困退出标准。

农村居民人均可支配收入增幅高于全省平均水平。2017 年，全年农村居民人均可支配收入为 7161 元，同比增长 8.7%，增速高于全省平均水平。

贫困村退出比例超过 90%。2016 年该县退出贫困村 25 个，2017 年退出 101 个，退出比例为 97.67%，超过了省定 90% 的贫困村退出比例。

基本公共服务主要领域指标全部达标。农村低保标准超过省定年度扶贫标准。落实兜底保障应保尽保政策，实现了农村低保标准和扶贫标准的“两线合一”，2017 年县低保标准提高到每人每年 3400 元，超过 3200 元的省定扶贫标准。贫困人口参加城乡居民养老保险参保率达到 100%。2017 年，应参加城乡居民养老保险的贫困人数为 15085 人（其中缴费人员为 7543 人，领取待遇人员为 7542 人），实际参加养老保险人员为 15085 人，参保率达到 100%，超过省定 90% 的达标率。城乡居民医保参保率达到 100%。2017 年，应参加城乡居民医保人员为 79372 人，实际参保登记 79372 人，参保率达到 100%，超过省定 95% 的达标率。行政村卫生室达标率超过 90%。全县已建成行政村标准化卫生室 254 个，根据上级卫计部门关于“乡镇卫生院所在地的行政村原则上不再另设村卫生室”的规定，全县村级卫生室可按 265 个计算，达标率为 92%，超过了省定 90% 的达标水平。适龄儿童学前入园率超过全省平均水平且贫困村九年义务教育阶段无因贫辍学学生。全县有幼儿园 27 所，在园幼儿 3086 人；有义务教育学校 16 所，在校学生 5241 人，学前教育毛入园率达到 98%，小学净入学率达到 100%，初中净入学率达到 100%，“三率”均超过全省平均水平，129 个贫困村九年义务教育阶段学生无一人因贫辍学。行政村通村公路硬化率和开通客运班车率均达标。全县行政村通村公路硬化率达到 100%。2018 年，新购置客运车 20 辆，新开通通村旅游公交线路 3 条，通客车行政村达到 265 个，开通客运班车率为 92%。全县行政村安全饮水达标率为 100%，超过全省平均水平。全县行政村和具备条件的自然村通动力电比率已达 100%。行政村互联网覆盖率达到 100%。移动公司宽带覆盖行政村 104 个，联通公司宽带覆盖行政村 262 个，实现了所有行政村互联网全覆盖，覆盖率达到 100%。行政村综合文化活动场所（地）覆盖率达到 100%。2017 年，新建村级组织活动场所 56 个、改扩建 24 个、租用解决 56 个，所有行政村全部建有综合文化活动场所（地），覆盖率达到 100%。

第四章 精准扶贫的战略布局

2010年，右玉被认定为国家级贫困县。2014年右玉认定贫困村129个、贫困人口8035户16337人，农村贫困面比较大，脱贫任务艰巨。但右玉县不等、不靠、不要，按照习近平总书记的重要指示精神，毅然决然向贫困宣战。近年来，右玉县委紧紧围绕抓党建促脱贫目标任务，以弘扬右玉精神为根本动力，以加强“三基建设”为主要抓手，抓班子、强队伍、树导向、增活力，着力夯实党建基础，推行“党建＋脱贫攻坚”模式，凝聚起脱贫攻坚的强大合力，确保全县如期实现脱贫摘帽。走进右玉县的广大农村，到处都能感受到新变化，往日的土坯墙面，像是穿上手绘新装，变成了一幅幅扶贫长卷，装点着乡村美景。通村公路沿线及村民房前屋后，柴草粪堆、陈年垃圾、残墙破院没了踪影，村容村貌焕然一新，让人赞不绝口。脱贫攻坚工作开展以来，右玉县针对村多人少、农村基础设施滞后、人居环境差、集体经济差的现状，强化工作措施，全力补齐攻坚短板。

第一节 强化党组织脱贫主导地位

右玉精神不是凭空想象出来的，也不是人为塑造出来的，而是党带领人民群众顺应历史大势、适应经济社会发展需要，依靠坚定意志和踏实工作干出来的。具体来说，右玉精神的形成，离不开红色基因的孕育，离不开严酷环境的逼迫，离不开党员干部的带动，离不开人民群众的苦干，离不开上级领导的激励。在精准扶贫工作中，右玉县委团结带领人民发扬红色基因、改善恶劣环境，广大党员干部带头干，广大人民群众努力干，蹚出一条脱贫攻坚的发展之路。

一、领导干部层层压担子

右玉县成立以县委书记、县长任组长，县委副书记、县委组织部长、分管副县长任副组长，各相关部门为成员单位的县脱贫攻坚领导小组，全面加强对脱贫攻坚工作的领导，制定出台了《右玉县脱贫攻坚年度行动方案》《右玉县“十三五”特色产业精准扶贫规划》等一系列文件，各乡镇和扶贫涉及部门分别制定了扶贫规划和专项行动计划，跟进成立脱贫攻坚领导小组，明确任务、扛起责任，确保脱贫攻坚各项工作扎实有效推进。严格落实脱贫攻坚责任双签制度和“一把手”负责制，层层签订《脱贫攻坚责任书》和《脱贫攻坚军令状》。大力推行“双组长”负责制，县分管扶贫工作领导和分管行业领导“双重”负责、合力攻坚，有效凝聚分管行业必须抓扶贫、抓扶贫必须重实效的工作合力。

特别是2017年6月右玉县确定高标准率先脱贫摘帽后，成立县脱贫攻坚工作推进领导小组，下设15个专项工作组，制定出台《右玉县推进脱贫攻坚工作方案》《右玉县脱贫攻坚重点指标任务分解》等文件，全面实行县级领导干部包乡镇、抓脱贫工作机制，蹲点指导工作和解决具体问题，进一步压实责任、细化任务，强化力度、加快进度，加班加点推进脱贫摘帽工作。

二、突出干部帮扶

县里共选派148支驻村扶贫工作队、134名第一书记、1714名结对帮扶干部，实现贫困村、贫困户帮扶全覆盖。出台《右玉县选派机关优秀干部到村任第一书记工作方案》《关于大规模选派干部结对帮扶农村贫困户的通知》等文件，进一步压实“两包三到”责任，在全省率先安装使用信息化考勤管理系统，对“三支队伍”实行手机动态实时定位考勤管理。制定出台《关于进一步加强县乡领导干部包联贫困村工作的意见》，县党政班子领导每人包联 1 个乡镇、帮扶 2 个贫困村，县人大、县政协班子领导每人帮扶 1 个贫困村，各乡镇班子成员每人帮扶本乡镇 1 个贫困村，县直各部门组成帮扶工作队帮扶 1 个贫困村。

从 2018 年 3 月下旬开始，右玉县脱贫摘帽工作进入了最后的冲刺阶段，针对省级第三方评估反馈的疑点问题和工作短板，全县展开为期一个月的决战决胜“回头看”工作，要求逐条逐项、逐村逐户推进落实，确保脱贫攻坚存量问题全部清零、短板工作全部补齐，以优异的成绩通过国务院扶贫办第三方评估考核。号令一下、上下齐动，新城镇、元堡子镇、高家堡乡、白头里乡……全县 10 个乡镇和杀虎口风景名胜区，纷纷展开各自的“大干三十天、决胜脱贫战”的脱贫攻坚冲刺战。

白头里乡副乡长张永江，从 3 月 22 日开始就再也没有回过家，由于终日奔波在各村之间，皮肤被晒得黝黑，他说：“高标准率先实现脱贫摘帽，是当前全县的重大政治任务和头等大事。我们作为脱贫攻坚一线工作人员，就是脱皮掉肉，也要高质量完成‘回头看’各项工作任务，‘轻伤’不下‘火线’！”

2017 年 6 月 6 日，旨在深度弘扬“右玉精神”的右玉干部学院成立，现在已有两三万人前来学习培训。“治住黄沙始到金，这个‘金’，不只是绿水青山，更是一种苦干实干、艰苦奋斗的精神。”“右玉脱贫了，但乡

村振兴的路还很长，不能有歇歇脚、喘口气的想法。”“艰苦奋斗、苦干实干、一任接着一任干的劲头，啥时也不能丢！”“脱贫不脱政策、脱贫不脱帮扶、脱贫不脱投入”，“回头看”工作持续跟进对已脱贫对象的“回头看、回头查、回头帮”，进一步完善了稳定脱贫、持久脱贫机制，巩固了脱贫攻坚成果，确保了全县贫困户真脱贫、不返贫，高标准、高质量引领贫困群众同步进入小康社会。

三、建立“三个导向”

第一，建立选拔最优秀的干部担任党支部书记的导向，形成“干部当支书、支书当干部”的支部建设机制。全县共有12名副科级党员干部担任贫困村第一书记，129个贫困村全部选派支部工作指导员。在去年村党组织换届选举中，28名县乡干部当选支部书记。第二，建立党员在基层培养发展的导向，形成“入党在一线、一线能入党”的党员发展机制。对工作优秀、符合培养和发展条件的驻村工作队员和结对帮扶干部按农村党员发展。第三，建立干部在基层锻炼提拔的导向，形成“基层先提拔、提拔到基层”的干部选用机制。2018年，3名脱贫工作业绩突出的乡镇干部提拔到县直机关主要岗位，5名工作能力突出的县直机关干部调任乡镇主要领导。扎实推进“两学一做”学习教育常态化、制度化和开展“维护核心、见诸行动”主题教育。以“弘扬右玉精神，建强红色堡垒，推动绿色发展”活动为载体和特色，以落实“三会一课”为抓手，以解决问题为关键，层层开展贯彻落实习近平新时代中国特色社会主义思想精神交流，精心组织《习近平的七年知青岁月》学习研讨，积极开展以“牢记誓言，不忘初心，重温入党誓词”“强纪律、转作风，主动担当作为”等为主题的党日活动，全力创建“两学一做”学习教育常态化制度化省级示范点，扎实开展“维护核心、见诸行动”主题教育。

右玉县坚持把右玉精神作为加强干部队伍建设的内在要求和检验标准，下功夫解决右玉精神"灯下黑"的问题。集中开展传承弘扬右玉精神学习提升大讨论活动，对全县423名科级以上干部进行轮训，通过集中授课、重温入党誓词和习近平总书记对右玉精神的重要批示指示、登台讲右玉故事等形式，着力解决干部党性观念、纪律作风、宗旨意识等方面存在的问题。强化干部能力提升。依托右玉干部学院，采取科级干部选题跟课培训、业务干部对口跟班培训、其他干部按需跟师培训三种方式，对全县干部分层分类分批开展通用能力、专业能力培训。全面加强干部日常管理，提升机关工作效能，制定出台《右玉县全面推行AB岗工作制度实施方案》《党政机关事业单位工作人员日常管理规定（试行）》，建立统一的考勤信息系统，对全县干部职工的出勤情况实现实时管理。坚持好干部标准，严格干部选用程序，为脱贫攻坚一线部门补充人员，全年调研干部141人次。

四、抓好党支部班子

深入实施"能人引领"工程，采取在现任村干部中"择优留"、农村致富能人中"择优推"、务工经商人员中"择优引"等措施，选拔致富能人进入村"两委"班子，增强村级党组织的战斗堡垒作用。2017年农村"两委"换届，农村致富能手、本土回归人才当选农村"两委"主要干部占到总数的68.9%。强化基层党组织标准化建设，大力提升党组织的组织能力。在硬件上，村级组织活动场所达到通水、通电、通暖、通下水、通远程教育和通会议视频"六通"标准；在布局上，达到有标识、有国旗、有党徽、有党建文化广场和文化街、有党建文化院、有齐备的办公活动设施设备、有党建宣传版面、有党建工作台账、有党务村务公示栏的"九有"标准；在功能上，实现具备一年四季办公和活动的条件，具备驻村干部和值班人员住宿的条件"两具备"标准；在机制上，建立办公常态化、活动常态化、管理常态化、示范常态化、考核常态化、运转常态化“六常态”工作机制。

五、加强社会帮扶

坚持政府主导和社会参与相结合，右玉县广泛动员和凝聚社会力量参与扶贫，形成了政府、市场、社会互为支撑，专项扶贫、行业扶贫、社会扶贫“三位一体”的大扶贫格局。

充分发挥非公经济和社会组织党组织的作用，引导非公企业和社会组织参与脱贫攻坚。对吸纳贫困人口就业的县内企业，按规定给予税收优惠、职业培训补贴等政策倾斜。加强与市派联村企业沟通对接，形成帮扶企业既与贫困村结对，也与产业发展结对，引导联村企业通过公司化、股份化运作方式，推动贫困村产业向种、养、加、销一体化方向发展；支持联村企业以合作、入股的方式参与到中药材种植、光伏扶贫、旅游扶贫、农村电商扶贫和易地扶贫搬迁中，带动帮扶村向“一村一品一主体”方向发展。2017 年 9 月 19 日，全省企业与贫困县合作帮扶现场会在右玉县召开，充分肯定了右玉县企业帮扶脱贫工作。村级组织活动场所建设有力推进，新建 56 处、改扩建 24 处，实现“全覆盖”。农村集体经济全面“破零”，其中年收入 5 万元以上的达 50.7%。农村（社区）“两委”换届选举圆满完成，支书、主任“一肩挑”比例达到 59.4%，妇女和大学生村干部入选村“两委”班子实现率均达到 100%。撤并行政村工作进展顺利，作为全市撤并行政村试点县，计划分三年撤并的任务一年全部完成。乡村运转经费按标追加，每个乡镇运转经费平均达到 90 万元，每个社区工作经费达到 10 万元以上。严格落实基层干部待遇，为乡镇 641 名干部追加新增岗位补贴 123.14 万元，落实乡镇干部每人每天 10 元用餐补助，村“两委”主要干部待遇按照标准全部落实。非公和社会组织实现“两个覆盖”，出台《右玉县社区党组织书记、居委会主任管理考核办法（试行）》。积极探索加强"三基建设"的有力举措，开展基层党组织"创星"达标升级活动，特别是围绕抓党建促脱贫，开展大力弘扬右玉精神，建立"三个导向"，加强"三基建设"工作。在全省"三基建设"市县现场推进会上，右玉县作为全市唯一的典型作了书面经验交流。

右玉县对照贫困退出标准，统筹解决水、电、路、网、房等基础设施建设和村容村貌改善。投资2805万元，对全县130个贫困村环境进行集中整治提升。投资2000万元，对94个村（含21个贫困村）26452人（其中贫困人口4420人）的饮水安全进行巩固提升，行政村安全饮水达标率达到100%。对156.4公里通村水泥路进行改造提升，投资800万元新购置客运车20辆，新开通通村旅游公交线路3条，新增通客车行政村49个，行政村开通客运班车率达到92%。投资195万元，通过新建、维修、租用等方式，对130个贫困村卫生室进行提升改造，并配备了医疗器械，全县建成行政村标准化卫生室254个。全县行政村互联网覆盖率达到100%，并为130个贫困村安装了远程教育网络。投资1125万元，对75个贫困村综合文化活动场所进行新建或改扩建，全县行政村综合文化活动场所实现全覆盖。

六、注重打造样板

按照建样板、可复制、易推广的要求，对照脱贫标准要求，突出环境面貌、档案资料、政策宣讲、"三率一度"、帮扶措施落实、"三支队伍"管理等环节和方面，包乡镇的有关县领导亲自挂帅、蹲点指挥，乡村党员干部示范带动、群众自发行动，集中时间、集中精力，精心打造了白头里乡赵官屯村等样板村。全县各乡镇对标样板，查缺补漏，真正做到学有榜样、干有方向、做有方法，带动全县脱贫攻坚工作整体步伐加快、提标升级。聚焦打造“两山”理论示范区和绿色发展先行区，以基础条件好的易地扶贫移民新村、康平村等为重点，聘请专业团队，坚持体现地域特色、乡土文化、现代气息、经济实用的原则，高标准、高水平规划设计，打造乡村旅游样板村，推动脱贫攻坚与旅游兴县深度融合。注重在脱贫攻坚各个领域发现和培养先进典型，发挥示范引领作用。企业帮扶带动脱贫打造了祥和岭上生态农牧公司、图远实业公司等示范企业，驻村帮扶工作涌现出了省商务厅、市农委、县住建局等先进单位，政策宣传形成了威远镇、李达窑乡等群众通俗易懂、喜闻乐见的做法。

与此同时，右玉县集中攻坚易地扶贫搬迁，专门成立易地扶贫搬迁工作办公室，全面加快工程进度。通过自主购楼10个，分散安置点安置贫困人口166户523人。通过新建移民新村、新建公寓楼、回购经适保障房、回购住宅小区库存房等，在13个集中安置点安置贫困人口1018户2461人，同步搬迁人口15户51人，全县易地搬迁1199户3035人任务全部完成。同时，在后续产业就业方面，重点通过社会兜底、资产收益等措施，帮助搬迁户实现稳定脱贫。

七、严格考核追责

县委将干部驻村帮扶工作纳入干部考核评价体系，将脱贫攻坚实绩与年度绩效考核相挂钩、与干部提拔晋升相挂钩，坚持在脱贫攻坚第一线考察识别、提拔使用干部，激励各级干部到脱贫攻坚战场上大显身手。建立工作督导巡查和观摩评比制度，对各级党组织开展脱贫攻坚工作进行常态化巡查，集中各乡镇、杀虎口风景名胜区党委书记和相关部门党建负责人现场观摩、现场评分、现场整改，推动“党建+脱贫攻坚”工作经常抓、抓经常。对精力不集中、措施不聚焦、作风不扎实、效果不明显的包村干部和驻村工作队进行问责，对不能完成扶贫任务和弄虚作假的给予严肃处理。2017年，全县纪检监察机关共立案查处扶贫领域不正之风和腐败问题40件，处理47人，同比增长23.68%。认真贯彻落实《中国共产党问责条例》，对履行“两个责任”不力的3名县直部门党组织负责人和1名纪检组长进行问责；对在扶贫工作中失职的4名领导干部进行责任追究；对开展生态环境保护不力的9名相关责任人进行问责。扎实推进纪检监察体制改革，制定《右玉县深化监察体制改革试点工作实施方案》《纪委监委派驻纪检监察组全覆盖试点工作方案》《开展乡镇监察试点工作方案》等文件，县监察委员会按期组建运行，派驻纪检监察组全覆盖和乡镇监察试点两项工作全面推开。正确运用“四种形态”，让“红红脸、出出汗”成为常态，全县纪检监察机关共处理干部386人次，其中第一种形态占64.51%。加大执纪审查力度，全年各级纪检监察机关共处置问题线索368件，涉及414人，立案131件，结案131件，处理136人，乡科级12人，其中党纪处分121人、政务处分22人、组织处理10人、移送司法机关1人。大力开展扶贫领域不正之风和腐败问题专项治理工作，共立案查处扶贫领域问题40件，处理47人，其中党纪处分44人、政务处分2人、组织处理1人。认真开展县委第三轮巡察工作，共巡察单位9个，发现问题102个。扎实开展巡视巡察整改自行“回头看”，推动全面构建良好政治生态沿着“巩固、深化、提高”的方向迈进。

右玉县成立了11个核查验收组，扎实开展督促检查和考核验收。该县出台了《右玉县脱贫攻坚督查工作方案》，成立由一名县人大常委会副主任和县政协副主席任组长的两个督查组，对全县各乡镇、驻村帮扶工作队、农村第一书记、承担“八大工程二十个专项行动”的县直单位开展全方位、多层次、常态化的督促检查，查找和解决突出问题。严格考核奖惩，右玉县将实绩与年度绩效考核相挂钩、与干部提拔晋升相挂钩，坚持在脱贫攻坚一线考察识别干部，激励各级干部到脱贫攻坚战场上大显身手。通过严督查、勤考核，督促各级各部门压实脱贫攻坚责任，形成强大工作合力，以严的要求、实的作风确保脱贫攻坚工作取得实效。

第二节 精准帮扶对症施策

认真开展建档立卡贫困户识别工作，将责任分解落实到乡镇和扶贫等部门，成立入户调查工作组，严格对照贫困户信息采集表，逐门逐户调查摸底，逐项逐条查验核实、征求意见。各乡镇党政主要领导亲自指挥，一线督办，对信息采集、登记、复核等基础工作严格把关，村支书、农村第一书记、包村干部对贫困户信息登记表集体复核并签字上报。严格执行"两公示一比对一公告"制度，对贫困户识别过程、评定结果、变更情况及时进行公示公告。

牢牢把握贫困精准识别、干部精准帮扶、政策精准落实、资金精准使用四个着力点，编制《扶贫手册》，制作"一卡、三账、五图"（"一卡"即精准扶贫户标示卡，"三账"即脱贫计划进展、帮扶措施落实、帮扶工作成效"三本账"，"五图"即贫困现状分布图、致贫原因分析图、脱贫目标任务图、帮扶政策措施图和组织保障图）。特别是及时进行自查自纠，全力开展数据疑点修改工作，包乡县领导抓好统筹协调，乡镇主要领导一线督战，包村乡干部和"三支队伍"入户走访，与贫困户一同记账、算账、认账，核准基础信息，理顺逻辑关系，完善线下档案资料，修正线上基础信息。

一、解决"扶持谁"的问题

采取一户一档抓管理、多轮识别"过筛子"、核查整改保精准的方法，严格履行"两公示、一公告、一比对"程序步骤，让群众身边最熟悉情况的来把关，确保“贫困户一个不漏、非贫困户一个不进”，全县共识别确认贫困户 8035 户 16337 人，贫困村 129 个。

二、解决“谁来扶”的问题

推行单位包村、领导包带和工作队到村、党员干部到户、第一书记到岗的“两包三到”联动帮扶机制和县党政班子领导包联贫困村制度。在保持原有 146 支驻村扶贫工作队、135 名第一书记、1714 名党员干部与 129 个贫困村、8035 户贫困户结对帮扶关系不变的基础上，推行了县党政班子领导每人包联 1 个乡镇、帮扶 2 个贫困村，县人大、县政协班子领导每人帮扶 1 个贫困村，乡镇班子成员每人帮扶本乡镇 1 个贫困村，进一步加强对干部帮扶指导协调。

在基层组织建设、产业发展等方面持续开展驻村帮扶，制定出台了《关于调整充实农村第一书记和驻村工作队的通知》(右玉脱贫攻坚组字〔2019〕4 号）和《关于进一步加强全县驻村工作队和农村第一书记日常管理的实施办法（试行）的通知》(右玉脱贫攻坚组字〔2019〕6 号)，特别是明确县财政每年为县派第一书记每人安排 3000 元的工作经费，为县派驻村工作队成员和第一书记每人每月预算 1000 元的生活、交通、通信等补贴。结合“改革创新、奋发有为”大讨论，部署开展了万名干部入企进村服务工作，全县 795 名进村服务干部深入农村，围绕巩固提升脱贫成效，帮助农村解决基础设施薄弱、社会事业滞后、产业结构不合理等高质量发展的制约“短板”，帮助村级班子解决发展思路不清、发展方式落后、发展质量不高、发展后劲不足等突出问题，帮助农民解决产业规划、春耕备耕、医疗、住房等基本需求，有力地保障了每一项政策都能够落地落实、每一个问题都能够解决到位。

高永世是右玉县杨千河乡曹家堡村建档立卡贫困户。他人穷志不短，通过发展肉羊养殖等特色产业，于2017年顺利实现脱贫。自打养殖肉羊以来，除了外出办事，高永世每天都要到饲养肉羊的小平房，给肉羊喂料，检查肉羊的生长情况，他家的肉羊已经从最初的5只发展到现在的几十只。想起刚开始养殖肉羊的情景，高永世还是深有感触。高永世家有5口人，母亲年迈多病，妻子离家出走，一个人抚养着两个孩子，当时两个孩子正在上学，高永世是家里的顶梁柱，家庭经济困难。2014年，在母亲的建议下，高永世购买了5只种肉羊进行试养。刚开始，因为没有技术，5只肉羊很快就死了2只，养殖收入只有不足1000元。但他没有因此放弃，而是不断学习摸索，逐渐掌握了肉羊养殖技术，并决心扩大养殖规模，但是缺乏购羊资金成了困扰他的一个大问题。2015年发展肉羊养殖，阳煤集团筹资250000元，为25户在村户购买生产母羊200只（每户8只），种公羊10只。2016年阳煤集团持续巩固肉羊养殖项目，12月将省拨的12万元为曹家堡村23户建档立卡贫困户购买优质生产母羊125只，继续帮扶其发展肉羊养殖项目。

经过几年的发展，高永世的肉羊养殖初具规模。高永世说："从过完春节之后到现在为止，我已经卖出15只羊，再过一段时间，天气凉了之后，我有可能会继续扩大养殖规模。"如果按照目前每只肉羊1200元的市场价格计算，应该是有18000元左右的收入，到2018年底，他已发展到1只种公羊14只母羊15只羊羔。2017年摘掉了贫困户帽子的高永世并没有满足现状，他在发展壮大养殖产业的同时，尽可能地带动周边曾经的贫困户和群众参与到特色养殖中来，实现共同增收致富。

三、解决“怎么扶”的问题

坚持因地制宜、因贫施策、分类实施的原则，对标户脱贫的5项标准和“两不愁、三保障”的基本要求标准，到户到人制定脱贫规划，挂图作战落实帮扶措施。截至2017年底，累计产业帮扶10128人，其中，养殖扶持5056人、中药材种植扶持3789人、旅游扶持144人、光伏发电扶持1157人，并对配套建设的1484套标准化圈舍进行补贴；社会政策扶持7938人，兜底保障4766人、医疗救助1695人、教育帮扶1492人；转移培训就业1021人；生态补偿1061人，其中安置护林员473人、扶贫造林合作社用工323人、沙棘林带动216人、新一轮退耕还林补助49人；易地移民搬迁1199户3035人（含同步搬迁51人）；危房改造2458户；资产收益带动5046人。

四、解决“如何退”的问题

按照脱贫攻坚既考核结果又考核过程的要求，组成11个核查验收组，从标准把关、程序执行、质量成效、建档立卡、群众认可五项内容对各乡镇贫困退出工作进行核查验收，并依照考核结果从户、村两个层面对退出对象进行公示批复。其中，2014年脱贫32户、77人；2015年脱贫221户、494人；2016年脱贫1885户、4025人，退出25个贫困村；2017年脱贫5640户、11322人，退出101个贫困村；2018年脱贫257户、418人，退出3个贫困村。

第五章 发展特色产业，实施精准扶贫

2014年以来，右玉县委、县政府坚持以习近平总书记对右玉精神五次重要批示指示精神为指引，认真贯彻落实中央和省市关于精准扶贫精准脱贫一系列决策部署，坚持以脱贫攻坚统揽经济社会发展全局，始终把脱贫攻坚作为最大的政治任务和首要民生工程，纳入全县“两大战略”之一，高规格重视、高起点部署、高精准施策和高效率推进，集聚各种资源要素向脱贫攻坚一线倾斜。按照“四个切实”“五个一批”“六个精准”要求，持续加大特色产业、资产收益、社会兜底等帮扶力度，大力推进八大工程、二十项专项行动，加快提升公共服务水平，贫困人口大幅度减少。

产业扶贫是指以市场为导向，以经济效益为中心，以产业发展为杠杆的扶贫开发过程，是促进贫困地区发展、增加贫困农户收入的有效途径，是扶贫开发的战略重点和主要任务。产业扶贫是一种内生发展机制，目的在于促进贫困个体（家庭）与贫困区域协同发展，根植发展基因，激活发展动力，阻断贫困发生的动因。

在产业扶贫方面，右玉县委、县政府立足贫困地区资源禀赋，以市场为导向，充分发挥农民合作组织、龙头企业等市场主体作用，建立健全产业到户到人的精准扶持机制，全县建成一批脱贫带动能力强的特色产业，每个贫困乡、村形成特色拳头产品，贫困人口劳动技能得到提升，贫困户经营性、财产性收入稳定增加。截至2017年底，右玉县实现了

7778 户、15918 人脱贫、126 个贫困村退出，贫困发生率降至 0.46%；目前，全县剩余未脱贫人口 23 户 47 人，贫困发生率为 0.05%。农民人均收入大幅提升，生产生活条件明显改善，上学难、就医难、行路难、饮水不安全等问题明显缓解，人民群众幸福指数大幅提升，全县已经成功脱贫。

第一节　产业扶贫背景

一、基础条件

右玉产业资源较为丰富。矿产资源主要有煤、高岭岩、硅线石、花岗岩等，其中煤田面积 165 平方公里，储量达 34 亿吨。工业经济以煤电、新能源、农副产品加工为主，火电装机容量 60 万千瓦，新能源装机容量达 130 万千瓦。右玉农业优势明显，是全国小杂粮基地县，也是山西唯一的半农半牧县，特色杂粮种植面积稳定在 40 万亩，右玉羊肉获得国家地理标志认证，全县羊的饲养量达 75 万只，天然草地达 78 万亩。特别是建成了以绿色食品加工为主的工业园区，基本实现本地农副产品就地加工增值。

由于历史原因，右玉产业发展总体规模较小、品类单一、产业优势不明显。虽然整体产业不强，但是特色产业（种植业、林业和旅游业等）和农业优势明显，又有国家认证的农牧产品，例如右玉羊获得国家地理标志认证。同时，因为人口少，可以充分利用特色产业进行扶贫。因此，总体来看，右玉县产业扶贫条件较好，可以依托与农村贫困人口直接相关的特色产业进行产业扶贫，带动地方致富。

二、政策依据

消除贫困、改善民生、逐步实现共同富裕，是社会主义的本质要求，是右玉县各级党组织的重要使命。改革开放以来，我国实施大规模扶贫开发，使7亿农村贫困人口摆脱贫困，取得了举世瞩目的伟大成就，谱写了人类反贫困历史上的辉煌篇章。党的十八大以来，我国把扶贫开发工作纳入“四个全面”战略布局，作为实现第一个百年奋斗目标的重点工作，摆在更加突出的位置，大力实施精准扶贫，不断丰富和拓展中国特色扶贫开发道路，不断开创扶贫开发事业新局面。

山西省、朔州市深入贯彻落实习近平总书记提出的右玉精神，制定了一系列支持右玉脱贫攻坚、绿色发展的重大举措，出台《关于支持右玉高质量发展的实施意见》，朔州市委还专门成立弘扬右玉精神领导小组进驻右玉指导督查脱贫攻坚工作。右玉县确立“脱贫攻坚、旅游兴县”发展战略，提出“举全县之力，高标准率先脱贫摘帽，为全省作出示范”的目标，进一步拓宽脱贫攻坚的实践之路。县委、县政府制定出台一系列政策、规划指导产业扶贫，强调突出产业支撑，提高脱贫实效。右玉县把产业扶贫作为推进脱贫攻坚的重中之重，因地制宜制定特色优势产业发展规划，团结社会力量持续加大产业帮扶力度，形成光伏产业、农村电商等多领域发展的“一村一品一主体”扶贫新格局。

三、规划与行动方案

习近平总书记先后五次对右玉精神作出重要批示指示，作为右玉精神的发源地，在稳定脱贫奔小康的征程上走在前、作表率，是右玉县义不容辞的责任和担当。为深入贯彻落实习近平总书记视察山西重要讲话精神，进一步巩固提升脱贫成效，早日把右玉县全面建成小康社会，认真贯彻落实中央扶贫开发工作会议精神，按照精准扶贫、精准脱贫和“五个一批”工作要求，根据《山西省“十三五”脱贫攻坚规划（2016—2020）》要求，制定出台《精准扶贫总体规划（2015—2020）》《右玉县“十三五”脱贫攻坚规划》《右玉县脱贫攻坚（2016）行动方案》《右玉县脱贫攻坚（2017）行动方案》《右玉县2018年脱贫攻坚巩固提升行动计划》《领导干部结对帮扶特困户规划》，采取产业扶贫、金融扶贫等多种形式和领导帮扶、企业帮扶等多种扶贫措施，切实提升扶贫工作实效。

右玉县以朔州市农林文旅康产业融合发展试点为契机，重点培育生态羊、小杂粮、油料、马铃薯、中草药、沙棘、种苗、草牧业等“八大”优势产业，走出一条布局区域化、生产标准化、管理集约化、经营产业化、服务社会化、营销品牌化的“六化”特色现代农业发展之路。

针对产业扶贫，2016年12月2日，右玉县人民政府出台《右玉县“十三五”特色产业精准扶贫规划》，2017年出台《关于推进“一村一品一主体”产业扶贫的实施意见》，对产业扶贫具体规划，有针对性地推进特色产业和“一村一品一主体”产业扶贫措施。

近年来，右玉县每年都规划出台年度产业扶贫行动方案，落实产业扶贫规划和产业扶贫工程，还出台《右玉县“十三五”脱贫攻坚规划》，针对产业脱贫，制定具体的特色优势产业扶贫工程规划。规划和方案中，针对具体的产业提出具体的措施和目标，有的放矢，具有很好的针对性和可行性，适宜考核测评，有力地支撑扶贫工作。

第二节　特色产业精准扶贫

产业发展是打赢脱贫攻坚战役的根本支撑，也是贫困人口脱贫增收的金钥匙。右玉县把产业扶贫作为推进脱贫攻坚的重中之重，坚持把产业扶贫作为实现稳定脱贫的治本之策。结合右玉实际，因地制宜制定了特色优势产业发展规划，持续加大产业扶贫力度，推动扶贫工作由"输血"向"造血"转变。制定实施《右玉县"十三五"特色产业精准扶贫规划》，进行产业扶贫，具体措施主要是采取项目引领、企业带动、资金扶持等，大力发展小杂粮、中药材、畜牧业、农副产品加工业、旅游业、光伏产业、电商产业等，带动贫困人口实现稳定脱贫。

一、特色产业精准扶贫实施规划

1. 指导思想

全面贯彻落实习近平总书记"六个精准""五个一批"的要求和"精准扶贫、精准脱贫"基本方略，坚持把产业精准扶贫作为帮助贫困群众"造血"机能、稳定增收长效机制的关键措施，按照"政府推动、市场运作、龙头带动、持续发展"的思路，以转变经济发展方式为主线，转变扶贫理念、创新扶贫方式、拓宽扶贫领域、突出扶贫重点、整合各种资源，探索"资金跟着穷人走、穷人跟着能人走、能人跟着产业走、产业跟着市场走"的产业精准扶贫新路子，带动贫困农户广泛参与产业发展各个环节的生产经营活动，分享收益，实现稳定增收脱贫。

2. 基本原则

（1）政府主导，市场运作。发挥政府的统筹协调作用，做好衔接工作，加大产业扶贫资金投入力度，协调行业部门将政策向扶贫对象倾斜，动员社会力量参与产业扶贫。遵循市场经济规律，充分发挥市场配置资源的基础性作用，尊重企业、专业合作组织和农户的市场主体地位和经营决策权。

（2）因地制宜，分类指导。充分结合县域发展实际，因地制宜规划扶持效益好、见效快、覆盖面广、能带动贫困户致富的优势产业。注重杂粮、马铃薯产业基地规模连片，构建中药材特色支柱产业体系，打造中药材全产业链，对扶贫对象实施特惠政策；注重产业发展的配套设施建设，对扶贫对象实施差别化扶持政策，结合劳务输出、移民搬迁，改善生活条件，提高收入水平。

（3）突出重点，完善机制。认真分析当地产业发展程度和贫困状况，针对提出的问题，合理制定产业扶贫发展目标、工作任务和项目建设重点。瞄准建档立卡扶贫对象，完善产业建设项目到户机制，尊重基层和群众对产业扶贫的选择。支持各类经济组织探索创新，带动扶贫对象的合作机制，采取针对性措施，把扶贫对象组织到产业化经营中来。

（4）科技先导，提升能力。注重科技先导作用，积极开展科技成果转化和科技扶贫项目，针对片区主导产业，开发、推广一批使扶贫对象增产增收效果明显的技术措施；加大投入力度，广泛开展扶贫对象围绕产业发展的技能培训，提升扶贫对象脱贫致富能力。

（5）生态建设，持续发展。积极探索产业生态化、生态产业化的路子，牢固树立“保护生态就是保护生产力”“绿水青山就是金山银山”理念，切实把右玉县的生态优势转化为经济优势，把发展劣势转化为后发优势，促进特色产业可持续发展，确保贫困地区生产、生活、生态协调发展。

3. 目标

实施精准扶贫，要锁定贫困村、瞄准贫困户，找准致贫原因，以产业发展等生计问题为重点，因地制宜、注重特色、优化结构、提高效益，积极发展壮大杂粮、马铃薯、中药材、沙棘、畜牧养殖等特色增收产业，分年度、分批次推进脱贫攻坚任务，提高贫困人口的自身发展能力，确保贫困村和建档立卡贫困户与全县同步实现小康。

4. 重点任务

结合右玉县实际，产业扶贫主要选择杂粮、马铃薯、中药材、沙棘、畜牧养殖、农产品加工及休闲农业等七大农业特色产业，作为全县农业产业精准扶贫规划的重点任务。

（1）以燕麦为主的杂粮产业

右玉县是全国小杂粮基地县之一，杂粮种植具有得天独厚的自然优势。近年来，右玉县年推广坝莜燕麦系列品种近 10 万亩，亩产由 2010 年的不足 60 公斤提高到目前的 150 多公斤，完成了燕麦品种的更新换代，实现了新优品种全覆盖。2016—2020 年，在全县 75 个贫困村发展燕麦种植，每个贫困户种植面积不低于 2 亩，重点乡镇分别建设 1 个万亩示范片和 5000 亩示范片。同时，利用旱作农业地膜覆盖工程，给贫困户免费发放地膜。

本产业重点覆盖李达窑乡、牛心堡乡、白头里乡、杀虎口旅游区等 4 个乡镇区，涉及暖泉村、二十一村、西十五沟村、后沟村、施官屯村、康村、四台沟村等 7 个贫困村，实现杂粮纯收入达到 200 元 / 亩，使贫困户 213 户、贫困人口 448 人从中受益。

（2）马铃薯产业

2016—2020 年，在威远镇、元堡子镇、白头里乡建设 5 个千亩马铃薯生产示范种植基地。同时，利用旱作农业地膜覆盖工程，给贫困户免费发放地膜。

本产业重点覆盖威远镇、元堡子镇、白头里乡等 3 个乡镇，涉及野场村、花家寺村、西洲里村等 3 个贫困村，实现马铃薯纯收入 800 元 / 亩，使贫困户 134 户、贫困人口 283 人从中受益。

（3）中药材产业

依托中药材产业发展，立足资源优势，面向市场，以品种优化、种植规范化为手段，大力推进全县优质党参、板蓝根、黄芪等三大中药材种植基地建设。

（4）沙棘产业

右玉县是水利部和国家林业局确定的全国30个沙棘产业县之一，依托现有沙棘加工企业，引进新疆大颗粒沙棘，滴灌种植沙棘园。同时，修复改造右玉县原有野生沙棘林。

（5）畜牧养殖业

紧紧抓住国家把右玉县列为唯一的粮改饲和草牧业发展试验县的政策机遇，大力实施粮改饲草牧业发展工程、牛羊驴家庭养殖工程和退耕还草工程，扶持一批贫困户发展养殖业，有效增加收入，实现畜牧业产业扶贫目标如期实现。

在丁家窑乡、杨千河乡和李达窑乡东部，建设以村为单位的规模化肉羊养殖示范点5个，主要以集中周边散养户为主，实现全村集中养殖，并全部实施种草养畜。同时，实施当年生燕麦草种植、多年生苜蓿种植、天然禁牧草地改良及围栏封育等草地建设工作。

草牧业发展工程，结合农业种植结构调整，推广种植青贮玉米、燕麦草等饲草作物，在畜牧基础好的乡镇种植苜蓿等多年生牧草。2016—2020年，全县每年由贫困户种植1万亩饲用牧草，每年覆盖500户，每户种植20亩。

牛羊驴家庭养殖工程，在巩固提升“右玉羊肉”地理标志认证产品优势的基础上，加快推进驴产业发展，对全县建档立卡贫困户，按照“五个一批”脱贫模式，被列为产业扶贫的，鼓励建设标准化养殖圈舍，重点养殖驴、牛、羊等牲畜。本产业带动贫困户2000户、贫困人口4200人。

（6）农产品加工产业

立足右玉县资源禀赋优势，重点在杂粮、中药材、畜禽、沙棘等产业方面，建设标准化原料基地，推动农产品初加工、精深加工及综合利用加工协调发展。同时，加大政策支持力度，引导农产品加工企业集群、集聚发展，培育一批省级农业产业化“513”龙头企业，通过“公司 + 合作社 + 农户”的经营模式，大力发展订单农业，带动农民脱贫致富。到 2020 年，带动建档立卡贫困人口 9909 人从事杂粮、中药材、沙棘种植和畜禽养殖等产业，吸纳建档立卡贫困户 300 人就业。

（7）休闲农业

右玉县是省级休闲农业和乡村旅游示范县，依托丰富的人文资源和生态资源，把休闲农业和乡村旅游作为促进全县一、二、三产业融合发展的新的经济增长点，全力实施休闲农业与乡村旅游示范点提升工程，探索建设观光景、观光型农业、度假型农村、服务型农民的路子，大力发展高标准“农家乐”，休闲农业企业和合作社等聘用员工中建档立卡贫困人口占 40% 以上，并帮助周边建档立卡贫困户发展“农家乐”。到 2020 年，达到 149 个贫困人口中直接就业和发展“农家乐”70 个。

5. 保障措施

（1）加强组织领导

为了加强对产业精准扶贫规划建设的领导和项目的顺利实施，县农委成立“右玉县特色产业精准扶贫工作领导小组”，由县农工办主任任组长，农业委员会主任任副组长，县扶贫局、畜牧局、水利局、农机局、开发办等有关单位主要负责人为成员。领导小组负责有关政策、项目建设资金的落实，协调项目建设中出现的问题。农委负责产业精准扶贫项目的规划设计、质量监督、技术培训和项目跟踪；其他有关部门按职责配合做好相关工作；项目乡镇为本辖区内产业精准扶贫工作的责任主体，具体负责项目实施、项目管理、项目协调、群众投资投劳及项目验收等工作。

（2）落实扶持政策

以改革为动力，创新农业体制机制，激活农业发展要素，推动全县现代农业加快发展。认真落实中央和省级项目资金对贫困地区的倾斜支持政策，整合聚集各类投入，统筹安排产业发展、基础设施等项目资金，实现对贫困村的项目资金全覆盖，实现项目资金精准使用，确保项目规划到户，资金到村到户。进一步放大优惠政策，增强贷款的普惠性，对有一定经营能力和还款能力者，都可享受贷款扶持。同时，加大助保贷发放力度，不断提高贷款额度，实现贷款利息补贴标准统一化。

（3）强化资金监管

严格按照产业精准扶贫规划要求，建立项目法人负责制，全面负责项目建设管理工作。通过公开招投标择优选用工程施工单位和监理单位，并按照“政府监督、项目法人负责、监理控制”的原则，确保工程建设质量和工期。加强资金管理，实行专款专用报账制，确保资金专款专用。项目完成后，项目建设单位及财政部门将资金使用情况向项目区群众张榜公布，接受群众监督，严禁截留、挤占和挪用，确保资金发挥效益。

（4）强化考核奖惩

县政府与项目乡镇签订目标责任书，县、乡、村层层负责，逐级逐项目明确责任领导和技术负责人，并建档责任到人。责任领导对项目进度、质量和资金使用负全责。

同时，县政府对项目建设实行效能监察，对项目进度、质量和资金使用实行全方位督查。对出色完成任务，在项目建设中成绩突出的单位和个人给予表扬，对因组织领导不力，出现工程质量、资金挪用问题，以及不能按时完成年度建设任务的，要依据行政效能监察有关规定追究相关责任。

二、特色产业扶贫实施措施与效果

1. 发展特色林业

右玉县坚持林业发展和脱贫攻坚相统一，通过植树造林改善生态环境，同时也获得经济效益。近年来加快发展经济林，特别是大力发展沙棘产业。

在扶贫政策支持上，一是栽植沙棘农户以退耕还林方式可享受国家补贴；二是大颗粒沙棘亩产预计达1000公斤，每亩沙棘果售价约6000元，以右玉县沙棘加工企业为依托，农户通过采摘出售沙棘果增加收入；三是沙棘树落叶可用来喂养牲畜，节约农户饲养成本。

全县沙棘面积达到28万亩，全力打造全国重要的沙棘产业基地。近年来，集中连片改造低产低效沙棘林4万亩，建设高标准沙棘园1.28万亩。投入资金2305万元，在9个村推广种植大颗粒人工沙棘4500亩，修复改造退化沙棘林1.1万亩，受益贫困人口216人。

多渠道促进林业产品销售。2015年成功举办右玉县林木种苗协会成立暨首届苗木交易大会，开通林木种苗网站，进一步拓宽苗木市场销路。2016年又成功举办了第二届苗木交易大会。

今年55岁的王靖强是李达窑乡林家堡村村民。这里海拔1860米，在右玉县最北部。对于王靖强来说，这两年的生活可以说是一天一个样。从只靠十来亩薄田养家到今天一年能收入3万元，他的满足之情溢于言表："2016年下半年，我加入了村里的万福达扶贫攻坚造林合作社。去年，我和合作社的伙计们在县城搞通道绿化，一季下来，就挣了4200元，今年我们合作社在庄窝坡村种了1280亩沙棘和550亩樟子松，又有4000多元入账，你说我能不脱贫？"王靖强的话语中透着开心。

苗木林业基地

沙棘种植

2. 发展种植业

右玉县立足自然条件和资源禀赋，大力发展生态“种养加”产业。在种植业方面，通过政策引导，鼓励农民种植杂粮作物和中草药。

（1）中草药种植业

右玉县抓住山西省振兴中药材产业的机遇，立足右玉高海拔、温差大、日照长和生态环境好的优势，大力发展中草药种植。以直接补助的方式扶持贫困户和种植大户，2017 年种植当年生中药材平均每亩补贴 500 元，种植二年生中药材每亩一次性补贴 800 元，二年以上一次性补贴 900 元，用于购买籽种、地膜、除草剂、农机具等费用，2018—2020 年的补贴标准，视财力情况随时予以调整。

2016 年，右玉县安排资金 2500 万元，按照每亩 500 元的标准以等价实物（籽种、化肥、除草剂）对贫困户进行补贴，共计补贴 5 万亩；并出资 200 万元对 1 万名农民进行指导培训；此外，右玉县还花费 375 万元购买 25 套农机具、旋耕机、点播机，并分配到整体脱贫的 25 个村，实现村集体经济破零，中草药机械化耕种。而为了给种植的药材找销路，右玉县还通过药材经销商联系到了远在广州的白云山公司，邀请对方前来右玉考察药材种植，并就药材收购达成初步合作意向。

在实施过程中，突出抓好贫困户与新型经营主体的利益联结，建立“企业 + 合作社 + 贫困户”等模式，将企业、合作经济组织、贫困户结成共同体，使贫困户“有业可从、有企可带、有股可入、有利可获”，获得稳定收益。例如，右玉县政府与山西国新晋药集团公司、安徽华鼎堂中药饮片公司等两家中草药加工龙头企业签订种植、收购协议，在全县大力发展中草药种植产业，并出台补贴政策，优先扶持贫困人口种植中草药。近年来右玉县稳步发展中药材产业，引导农民种植板蓝根、黄芪、芍药、黄芩等中药材 4.4 万亩，仅 2017 年就有 1353 户 3789 名贫困人口种植 2.7 万亩中药材，为其发放化肥、籽种等补贴共计 1737.4 万元。

另外，通过企业进行资产收益试点。将 3000 万元整合资金分配到 75 个贫困村，再由各村委会将资金注入华鼎堂和国新晋药两家合作企业。其中，1800 万元以种子、化肥等实物直接补贴贫困户；1200 万元以资产收益方式推进。资产收益采取合作经营的模式，将 1200 万元整合资金以债权形式注入两家合作企业，两家企业通过开展技术指导、提供生产资料以及组织药材收购等相关服务带动一般农户和合作社种植中药材，两家公司在收获期后全部归还本金，并按注入资金6%的比例返还收益。

现在右玉全力发展以板蓝根、党参、黄芩、黄芪为主的中药材种植。全县培育3个发展潜力大的中药材加工龙头企业，扶持10个优势明显的中药材专业合作社，建设20个特色中药材种植示范村，发展30万亩中药材种植基地，一条集产销加工于一体的中药材产业链正在逐渐成形，有力地带动了产业扶贫。

远离县城的黄家窑村，昔日是一个靠天吃饭的贫困村，这两年瞄准药材种植，成了远近闻名的“药材村”，而且作为产业扶贫典型在全县推广种植经验。村支书张宝军言此脸上就乐开了花：“去年我们村种了230亩板蓝根，今年扩大规模，又种了530亩，平均每亩收入1000多元，通过种植板蓝根，全村37户84名贫困人口2016年就全部脱了贫。”

板蓝根种植

（2）特色小杂粮农业

以增加农民收入为根本，以农业供给侧结构性改革为引领，优化农业结构，增强农业效益。右玉县近年来大力发展特色优势农业，依托右玉全国小杂粮基地县的优势，推广新技术、新品种，不断提升产量和品质，做大做精杂粮产业，杂粮种植面积达到40多万亩，占总播种面积的64%。

在资金上，一是由县农委从项目资金中负责安排地膜购置补助。二是积极争取省级杂粮专项资金，对促进杂粮产业规模化开发、集约化发展的万亩示范片，每个补助20万元；5000亩示范片，每个补助10万元。在资金上提供帮助，投资1125万元，为75个贫困村每村购买农机具1套，在推广种植机械化的同时助力村集体经济破零。

在落实普惠性种粮补贴的基础上，提高贫困户种植项目特惠补贴标准，杂粮补贴每亩增加25元，薯类补贴每亩增加50元。

（3）基本农业

夯实农业发展基础，完成基本口粮田建设3290亩、实施坡改梯7000亩。

（4）马铃薯产业

一是由县农委从项目资金中负责安排地膜、化肥购置补助。二是按照强农惠农政策要求，对种植马铃薯的农民实行政策性生产保险，保险金额400元/亩，费率按6%计，保费24元/亩，中央、省级、农户按照4∶4∶2比例分担，右玉县可以由县财政对贫困户负担的保费部分实行财政兜底，使种植马铃薯的贫困户应保尽保，最大限度减少自然灾害给农民造成的损失。

3. 发展畜牧业

右玉县地处牧业发达地区，近年来立足全省唯一的半农半牧县优势以及全国草牧业发展试验试点、草原生态奖补等政策机遇，以规模化、集约化为方向，发展壮大生态畜牧业。

（1）发展壮大草牧业

结合农业种植结构调整，推广种植青贮玉米、燕麦草等饲草作物，每户种植20亩，饲草种植补贴150元/亩。右玉县近年来种植饲用燕麦草1.32万亩，全株青贮玉米1万亩，完成京津风沙源二期项目5000立方米，青贮窖和5000平方米棚圈建设任务。大力实施草牧业试点工程，种植牧草12.2万亩，改良天然草地6万亩，围栏封育6.39万亩，有力地促进了产业扶贫。

燕麦种植

（2）养殖业

近年来，右玉县以"养殖实现规模化、生产实现规范化、经济实现循环化"为发展方向，以"种足养精、提质增效、富民增收"为最终目标，大力培育生态羊产业，达到了土地增值、农民增收、产业升级的效果。

做大做强羊产业，制定《右玉县生态羊全产业链发展规划》，以建设草畜一体化的田园综合体为抓手，推动右玉生态羊全产业链发展。投入673.5万元对建设的1484套标准化圈舍给予补贴，新增养殖圈舍3万平方米。目前，全县羊饲养量达到75万只，“右玉羊肉”成为山西省唯一的获得国家地理标志认证的畜产品。

资金帮扶政策上，为整合各类扶贫资金，对建档立卡贫困户，建设30平方米标准化养殖圈舍的，每平方米补贴200元。同时，对列入产业扶持的贫困人口，县政府出资5000元/人，每人购买并发放毛驴1头，或者1头牛、10只羊，合计投入2932.8万元为发展养殖的5056名贫困人口免费发放牛羊驴。

威远镇张千户岭村村民张宏祥不顾家人和朋友的反对，毅然从发展势头正猛的IT行业转型，全身心投入带领村民脱贫致富的事业中。他组建了祥和岭上农牧公司，流转土地两万余亩打造牧场，种植燕麦草、谷草及各类杂粮植物1.3万多亩，年出栏国家地标畜产品“右玉羊”一万多只，直接解决当地300余人就业，带动周边10余个村庄的1000余名农民脱贫致富。村民在流转土地上获得固定收入的同时，还可进入园区打工，成为职业农民。男人放羊，女人饲草，每年人均增加收入24000元。

张兴和其妻子姚振兴是村里的一对留守夫妻，合作社成立以前，老两口由于年龄原因，出去打工没人用，只能在村种地，靠天吃饭，全年收入不到5000块钱。现在，他们家的土地租给了合作社，夫妻都成了合作社的员工，张兴放羊每月收入2400元，妻子喂羊每月收入2000元，还可以在合作社免费吃住。一年下来，老两口就攒下了50000多元，乐得他们合不拢嘴。

生态养殖业

祥和岭上农牧公司

4. 发展绿色加工业

右玉县抓住被列入全省农产品产地初加工补助重点县的机遇，培育壮大农业龙头企业。政府积极引导右玉县农产品加工企业参与全县产业扶贫工作，鼓励企业优先吸纳贫困户就业，建立种养基地，在订单农业、产销服务等方面优先倾斜于建档立卡贫困户。

依托良好的自然生态，全面推进以梁威工业园区为主的绿色农产品加工平台，扶持壮大绿色农副产品加工业，引导企业发展订单农业。新引进农副产品加工企业3家，培育3家农副产品加工企业进入市级农业产业化龙头企业行列。目前，梁威工业园区农副产品加工企业达到15家，基本实现本地大宗农副产品就地转化增值，有力地促进了农民增收。右玉县成为全省重要的绿色农副产品加工基地。

梁威生态产业园区

近年来，县政府投资一些重点项目，如臣丰10万吨苦荞饮料项目、祥和岭上1200吨羊肉加工项目、汇源鲜果园沙棘果综合利用、汇源矿泉水、西口洋洋羊肉深加工项目、中大科技亚麻籽深加工及工艺提升项目、北京安德益源甘草精加工项目、玫瑰种植加工项目、塞上绿洲沙棘酵素项目、图远冻干食品公司加工等，直接或间接带动农民致富。

目前已经形成“企业+基地+农户”发展模式，不断发展壮大沙棘、苦荞、小杂粮、肉羊等农副产品加工企业，带动更多贫困群众增收致富。以祥和岭上为龙头的一大批右玉本土生态畜牧企业及合作社，放大目标、拓宽思路、做精产业、注重质量，在全产业链上推行繁育饲养标准化、肉质检测标准化、品牌认证标准化，在扩大规模、做优品牌、打造特色上带动效应日益凸显，有效将雁门关外草地资源、沟坡资源充分整合，为调整朔州一煤独大的产业布局作出积极贡献。

威远镇刘家窑村“两委”抢抓机遇，充分发挥靠近梁威生态产业园的区位优势，把发展绿色产业作为脱贫攻坚的落脚点，走出一条“支部+企业+基地+农户”的产业带富、生态兴村的富民路子。村“两委”经过广泛征求意见、认真讨论研究，按照“以企带村、村企共赢”的思路积极与图远实业有限责任公司协调对接并达成合作意向，村支部的10名在村党员主动带头流转自己所承包的土地，当年小香葱种植规模达到150亩。在部分党员群众尝到甜头、看到希望后，村党支部又确定了“户均种植10亩小香葱、每户至少1人进入企业或基地务工”的目标。通过党员示范带动，刘家窑村共流转土地1000亩，全村70%的村民在基地务工，青壮年劳动力年人均可增收1万多元，60岁以上劳动力年人均增收可达6000多元，仅此一项，可保障贫困户全部稳定脱贫。

---

5. 发展生态文化旅游业

“绿水青山就是金山银山”，不断改善的自然生态环境以及厚重的历史文化底蕴，为右玉发展生态文化旅游业提供了“美丽”资本。右玉县以习近平总书记“两山”理念为指引，以山西省委、省政府支持右玉绿色发展和生态文化旅游开发区建设为契机，依托右玉全县域国家4A级旅游景区的优势和建设右玉生态文化旅游开发区、创建国家全域旅游示范区的契机，大力实施旅游扶贫行动，让更多的贫困群众在旅游产业发展中受益。

2017年，山西省委、省政府批准右玉成立全省首家省级生态文化旅游开发区。开发区建设得到了山西省委、省政府和朔州市委、市政府的大力支持。右玉县按照杀虎口－右卫文化创意园、环县城生态产业园、苍头河湿地体验带三大功能区布局，坚持绿色发展不动摇，着力构建以生态文化旅游业为核心的绿色产业体系，全力打造践行习近平总书记“两山”理论示范区和推动绿色发展先行区。

按照“农旅结合、以农促旅、以旅强农”的发展思路，整合全县旅游资源和产业要素，大力推进旅游扶贫行动计划。主要举措如下：

（1）成立杀虎口旅游合作社

结合杀虎口丰富的旅游资源，将有限的扶贫资金用在刀刃上，变“输血”为“造血”，为贫困户提供发展生产经营的能力，进而建立健全稳定脱贫长效机制。杀虎口风景名胜区作为右玉生态文化旅游开发区的“一园”，率先创新。2017年，投资25.5万元（51名贫困人口每人入股5000元，共255000元），杀虎口风景区率先成立了朔州首家生态旅游专业合作社，引导贫困人口从事景区餐饮服务、卫生清洁、乡村旅游等工作，通过合作社务工和分红获取稳定收益。

目前，杀虎口风景区80户贫困户144名贫困人口全部参社，让老百姓靠着旅游产业脱贫奔小康。杀虎口村生态旅游专业合作社一经成立，就投入发展全村旅游的工作中。目前，杀虎口村生态旅游专业合作社已承担了杀虎口景区停车场收费管理、环境卫生保洁、绿化美化等工作，24名贫困人口就业问题得到解决；同时，合作社积极引导贫困户利用自身条件发展农家乐，带动35名贫困人口实现就业；不仅如此，合作社还购回畜力观光车3辆，在为游客提供观光游览的同时，也增加了贫困户的收入。杀虎口村生态旅游专业合作社成立一年多，成效显著。2017年杀虎口村生态旅游专业合作社为全村51名享受产业帮扶政策的贫困人口每人分红500元，集体经济收益3.7万余元，在给村民带来实际收入的同时，也实现了集体经济"破零"，并为村集体经济开辟了稳定的收入渠道。如今，杀虎口风景区以美丽乡村建设为契机，以建设最美乡村、幸福农家、旅游新村为载体，多轮驱动、多项并举，美丽乡村建设事业取得了健康长足的发展，蜕变的小村庄也让百姓收获了满满的幸福。

杀虎口风景区

杀虎口生态旅游专业合作社

玉龙马园赛马

（2）实施精品景区带动计划

以杀虎口风景区、右卫特色小城镇、玉龙文体产业园等精品景区为载体，带动辖区内1000户农户通过发展生态观光采摘园、农家宴、休闲农庄、特色民宿等项目实现增收致富。

（3）振兴乡村旅游

右玉县近年来重点打造3条乡村旅游线路和10个美丽乡村。马营河、二十五湾、樊家窑三个村的特色乡村旅游目的地，引导百姓提升包括农家乐在内的旅游特色服务水平，以发展生态文化旅游为契机，在进一步提高村民收入基础上，实现村集体经济的稳步扩大。

（4）实施旅游扶贫政策支持计划

探索设立县旅游产业扶贫基金，用于支持乡村旅游基础设施建设、旅游人才培训、旅游宣传推广、旅游商品开发，以及支持贫困户参与乡村旅游项目等。

（5）做好全县生态旅游规划

按照“旅游发展带动扶贫开发，扶贫开发促进旅游发展”的思路，依托重点景区和旅游线路，优势互补、连点成线，集中人力、物力、财力，推进精准扶贫和旅游开发融合发展，加快脱贫致富步伐。

①在“规划－规范－规模”上布局

规划：按照“布局合理、功能完善”的思路，精心编制旅游扶贫专项规划和年度行动计划，带动贫困人口通过发展旅游实现稳定增收。规范：提升农村旅游基础设施和服务水平，按照行业标准，推进乡村客栈、民宿标准化、特色化建设，年内评出乡村旅游标准化试点村和乡村旅游客栈示范户。规模：按照乡村旅游的战略定位和总体思路，打造杀虎口、马营河、樊家窑、海子湾、康家湾5个美丽乡村和9个易地移民集中安置点，并选择交通干道沿线部分村庄，开展美丽宜居示范村建设，努力建设一村一品味、一村一特色的旅游扶贫"新亮点"。

② 在"绿化－彩化－财化"上发力

按照"绿随路建、有路皆绿、绿美结合"的原则，大力推动生态建设提档升级，改造退化沙棘林1.1万亩，种植新疆大果沙棘4500亩、大接杏1500亩、枸杞1500亩、123果树和寒富果树1000亩、玫瑰500亩；引导贫困户大力发展以油菜花为主的彩色种植，全力建设多林种、多树种、多层次、多色彩的生态网络体系和春有花、夏有荫、秋有果、冬有绿的旅游季象。同时，引导贫困户参与全域旅游开发建设，扶持贫困户开办农家乐、开发地域风味小吃和本土旅游商品，让其享受旅游扶贫的政策红利。另外，力图在"定位－宣传－造势"上实现突破。突出打好长城和古堡风光、西口文化、氧吧绿肺、药食养生、特产购物和赛事会展等"特色牌"，构建以生态文化为主体、西口文化为品牌、红色文化为支撑、边塞文化为补充的"四大文化系列"，全力营造靠乡村良好生态、新鲜空气、浓郁乡村文化以及地道农家饭、舒适乡村酒店吸引游客的浓厚氛围。

（6）举办旅游相关活动，扩大宣传

右玉县还成功举办第六届西口风情生态文化旅游节。推动油画产业和生态旅游深度融合发展，精心打造"西口风情"中国油画写生季，在全省和全国产生积极影响。引进山西弘鹂源文化传播公司投资建设油画写生基地，邀请部分国家主流媒体和油画专业媒体开展右玉采风活动。

（7）旅游资产收益扶贫

右玉县积极探索资产收益扶贫，出台《右玉县资产收益扶贫试点工作实施方案》。建立资产收益扶贫试点项目库，注入资金4300万元，实施5大类资产收益扶贫项目。其中，县文化旅游产业投资（集团）有限公司正常运行后，按照县旅游部门申请金额，将整合资金通过旅游部门上报村委会注入该公司，并委托该公司按照旅游发展规划完善基础设施配套建设，对形成的资产进行经营管理。该公司按注入资金6%的比例返还收益，收益作为村集体经济收入，继续用于旅游产业发展，同时也可根据实际将部分资金用于对返贫户的帮扶。

（8）促进电子商务发展

右玉县依托国家级电子商务进农村综合示范项目建设，以电商扶贫培训、农村产品推介等为载体，将发展农村电商工作作为精准脱贫的有力举措，积极培育优质示范主体，推进线上线下融合发展，助推了脱贫奔小康加速度。大力深度挖掘右玉特色农副产品潜力，大力发展“互联网+农业”。主要措施有：

①集聚要素强保障，营造电商扶贫“大环境”

自项目实施以来，县委、县政府高度重视电商发展工作，成立了由王志坚县长任组长、分管副县长为副组长、各乡镇和县直有关部门主要负责同志为成员的电子商务进农村工作领导小组，出台了《右玉县电子商务产业发展扶持办法（试行）》，统筹推进右玉县电子商务产业发展。一是把右玉县电子商务公共服务中心打造成右玉品牌培育平台，为企业和网商提供产品包装设计、媒体宣传、营销策划、物流快递等服务，扶持本地企业、合作社开展农产品网络销售。按照领导小组分工，协调农业、畜牧、质检、工商等部门为企业和合作社在“三品一标”、原产地认证等质量体系建设方面提供服务，使右玉县的农副产品尽快达到标准化、网货化。截至2019年1月，筛选右玉羊肉、沙棘汁、小杂粮等农产品，通过政策扶持、策划宣传，提高产品的知名度，逐步把右玉羊肉、沙棘汁培育成右玉县品牌产品。二是把右玉县电子商务创业孵化中心打造成返乡能人创业平台。从外地吸引返乡青年回右玉县创业，如北京打工青年回乡创业，注册山西土到家商贸有限公司，“农到家”品牌在江苏进行产品宣传，截至

2019年1月底已实现销售收入700多万元。三是把右玉县电子商务公共服务中心打造成电子商务孵化培训平台。利用3—5年的时间针对贫困家庭毕业生、农村带头人、创业妇女、返乡青年、退伍军人等群体，通过电商培训孵化，使之成为电商发展的主力军，目前已开展培训31期，培训人数达7107人次。

② 健全体系搭平台，畅通电商扶贫“流通渠”

以创建国家级电子商务进农村综合示范县为契机，坚持高标准规划，全方位发展，初步构建起“一核引领、多点支撑、全域覆盖”的电商扶贫服务体系。一是突出“龙头”引领。在县城高水平规划建设集创业孵化、农特产品展示、人才培训、公共服务等功能于一体的右玉县电子商务公共服务中心，成功吸引入驻电商企业及创客24家，其中以山西土到家商贸有限公司、山西中大科技有限公司、山西塞上香食品有限公司、山西晋西口食品有限公司、山西爱硒力科技有限公司为首，通过在贫困村开展“互联网+场景”营销活动、收购包装销售贫困村产品等多种方式，带动贫困户脱贫增收。二是力促多网融合。坚持外引内育、共融发展思路，先后在淘宝、京东等平台，建成“右玉淘宝馆”“右玉京东馆”等特色展区，与甲骨文公司合作，搭建了右玉特色产品溯源监管云平台。充分利用“公益中国”、供销E家等扶贫频道开展农产品网上销售；开发了“西口人家”微商城等本地电商平台，“工业品下乡、农产品进城”的多渠道网销体系日臻完善，并在各电商销售平台开辟了贫困户销售专栏，销售贫困户产品，助力贫困户的增收。三是下沉物流触角。建成县级冷链物流及分拣配送中心，整合县内10多家快递公司入驻，实现了货物集中集散。同时，以分拣中心为核心，在全县开通农村物流配送专线11条，连通11个乡镇电商物流服务站和144个村级电商物流服务点，构建了县、乡、村三级电商物流配送体系，建成配送站点144个，完善县、乡、村三级物流网络体系，解决农村电商扶贫“最后一公里”问题和农产品上行“最初一公里”问题，打通了农产品尤其是贫困户农产品上行快速通道。

③ 力促产品拓销路，探索电商扶贫新模式

一是“电商企业 + 贫困户”模式。引导电商企业深耕农村市场，规模化发展订单农业，与贫困村签订农特产品供销合同，助推农产品上行。现已引导农产品加工企业深入乡村，建档立卡贫困户与农村电商供应链进行对接，引导其种什么、养多少、销哪里。右玉电商 2018 年上半年通过长期不懈的努力，已与多家商户取得合作，这些食品加工企业将收购的大量野菜、土鸡蛋、野蘑菇等，加工成网销产品，借助电子商务运营的线上、线下等多种售货渠道将右玉特色产品销往全国各地。

二是“农产品企业和合作社 + 贫困户”模式。积极推行买断包销。引导县内企业和产业大户、合作社、贫困户对接，签订农特产品产销合作协议，指导其规范化、标准化生产，并按不低于保底价统一收购全部产品，有效解决“丰产不丰收”问题。山西中大科技有限公司与本县的贫困户建立了对接，统一收购贫困户的胡麻；山西晋西口食品有限公司统一收购贫困户种植的小杂粮；山西图远实业有限公司与农户签订小香葱种植合同，产品远销韩国、日本等国；山西爱硒力科技有限公司与贫困户签订苦荞订购合同，然后统一包装，通过网络销售，为广大贫困群众带来收益。

三是“互联网 + 场景”模式。积极推行场景营销。充分利用产品适销期在贫困村开展乡村美食品尝、果蔬采摘、农耕文化体验等“互联网 + 场景”活动，多形式宣传推介本土农特产品，为贫困地区带来发展新活力。县内“2018 年电商年货节”等活动接连开展，促进了一、三产业联动，直接带动贫困村农特产品销售。

四是“互联网展会营销 + 农产品”模式。充分利用展会营销。组织举办了“首届电商扶贫农特产品线上线下展销会”等本地展销活动，集中展示展销贫困村农特产品。积极对接国内大型综合展会，组织右玉农丰农业有限公司、山西祥和岭上农牧有限公司等涉农电商企业参加“山西贫困县农产品进高校对接会”、农产品进企业对接会、深圳礼品展、商务部“潍坊农商互联大会”等展会，拓展了“右玉”产品市场，打响了右玉品牌，广大贫困群众收入也稳步增加。

五是“互联网＋乡村旅游”模式。优选产业特色发展。右玉县紧盯业态不新、理念不活等短板，先后组织领导干部赴外地参观学习乡村旅游先进典型和做法，不断拓展乡村旅游产品、延展产业链。2018年，举办了“右玉美丽乡村马营河”传承民俗传统文化旅游盛会，盛大的活动通过网络平台、微信、抖音等媒介宣传吸引了上千名游客前来参观游玩。杀虎口风景名胜区作为右玉生态文化旅游开发区的“一园”，率先创新，成立了朔州首家生态旅游专业合作社，开办了旅游商店，入社的贫困户积极性提高了，老百姓靠着“互联网＋旅游”产业脱贫奔小康。

④ 凝聚资源促融合，打造电商扶贫新链条

一是“电商平台＋电商扶贫”。利用本土电商平台开设电商扶贫专栏。利用“西口人家”电商平台开设贫困户农产品销售渠道，可定向购买贫困户生产的农产品。右玉电商中心以高于市场价向5个乡镇的11个贫困村（东刘家窑村、新城镇、麻家滩村、袁家村、南草场、霸王店、东王庄村、威坪、白塘村、上泥沟、前鹰卧山村）收购野生蒲公英、甜苣菜，其中涉及562个贫困户，总收购金额达200853元，平均带动每户增收357元。

二是“电商服务站点＋贫困户”模式。实施电商服务站点助力贫困户脱贫增收。借力电商途径，对105个贫困村，每村建立电商服务站点，依托电商渠道，以代销代购、合资（入股）经营的方式，实现贫困户增收。2018年1月就通过对10个电商服务站点的242名村级贫困户收购小杂粮、土鸡蛋、散养羊共计 35586 元，平均带动每户增收 147 元，并举行了农产品上行推荐会，为农民解决出售难的问题。2—3 月份联合县生产资料公司及县种子公司对各电商服务站点低价销售种子、化肥等惠民农资用品，村民足不出户即可买到农资必需品。

三是“电商代言人 + 贫困户”模式。培训孵化农村电商代言人。大力实施电子商务精准扶贫培训工程，采取“送教下乡”的形式，有针对性地分批分期对全县党政干部、电商人员、贫困户等重点群体开展“电商扶贫”“巾帼脱贫”“家政扶贫”等专题培训，累计培训 5000 余人次。通过不同层次培训，涌现出大批的优秀电商企业和农村电商创业青年，初步形成了“男女老少齐上阵，传统商、网商、微商三商联动一盘棋”的局面。张斌是丁家窑乡刘家窑村的贫困户，通过参加右玉中心开展的电商培训，从一名门外汉逐步成长为掌握电商脱贫致富的技能型人才。2017 年 7 月右玉中心在刘家窑村设立了农村电子商务村级服务点，张斌作为该村电商领头人，带领全村村民走上了电商致富的道路。截至 2019 年 1 月底，通过电商平台，把本村羊肉销往全国各地，销量高达 1500 公斤，增收 6 万余元，被誉为“最美电商人”。

通过全县人民的努力，右玉县电子商务平台建设得到了商务部、省商务厅的高度肯定，2018 年 3 月，右玉县顺利通过了商务部电子商务进农村项目绩效考核。2017 年，累计实现下行产品单量 22 万余单，全县电子商务交易额 6067 万元，同比增长 50%；农村网络销售额 2856 万元，同比增长 46%；农产品网络销售额 1959 万元，同比增长 55%。2017 年实现农产品网上交易 1509 万元，带动 1256 名贫困人口人均增收 549 元。2018 年底，全年电子商务网络交易额完成 7036 万元，电子商务网络零售额完成 4311 万元，举办培训 31 期，5854 人次，贫困户 560 人次。

农村电子商务服务站

（9）发展光伏产业

光伏发电项目具有寿命长、收益稳定、绿色环保的特点。光伏产业作为一种绿色产业，在提供电力、保护生态环境方面具有重要意义。

右玉县主动适应和把握精准扶贫、精准脱贫工作要求，把光伏扶贫作为深度贫困人口脱贫和贫困村集体经济破零的主攻方向和重要手段，结合县情实际，制定了光伏扶贫十三五规划和分年度实施方案，成立了光伏扶贫工作领导小组，建立了"1+N"政策支撑体系，形成了完善的政策支撑和保障体系，并取得了阶段性成效。

① 依托地理优势，稳步推动发展

右玉县光照资源充足、平均海拔1400米、二级以上天数达到300多天，是全省重要的清洁能源基地。同时，光伏发电技术成熟、投资回报率较高、无须劳力投入、操作简单，一次性投资可长期受益，特别适宜扶持失能、弱能贫困户。2016年，在资金投入、设计安装、后期维护和收益分配等多方面积极破题探索，建立了以财政支持为主、社会参与为辅、贫困户自筹为补充的融资模式，支持贫困村、贫困户大力发展光伏扶贫项目，光伏扶贫总装机容量达到913千瓦，惠及受益贫困人口309户、664人，目前全部并网发电产生收益。其中，分户式方面，县政府以产业扶持资金（5000元/人）的形式直接补贴贫困户，不足部分协调商业银行进行贷款支持，并由县财政给予贴息扶持，装机容量达到213千瓦，惠及79户、150人；集中式方面，装机容量700千瓦，总投资560万元，其中财政专项资金投入350万元，企业垫资210万元，项目预计年发电98万度，年获益在73.5万元左右，收益除归还项目筹集资金本金外（每年归还35万元），其余资金全部发放给7个贫困村128名深度贫困人口。

② 继续扶持鼓励，严格项目准入

为应对光伏并网电价下降的影响，进而保障深度贫困人口持续脱贫，右玉县继续稳定“政府定额补贴+财政资金贴息+贫困户发展受益”的分户式光伏扶贫模式。各乡镇和“三支队伍”进村入户宣传发动，鼓励发展光伏项目，2018年投入资金720万元，扶持43个村的745户、1440人贫困户发展光伏项目，总装机容量达2607kW，户均3.5kW，经测算贫困户按规定年限归还本金的同时，户均每年增收达到3000元以上。7月7日，县脱贫攻坚领导小组召开光伏扶贫专题会议，就加快推进光伏扶贫项目建设提出具体要求。为进一步提升光伏项目扶贫实效，右玉县严格准入标准，聘请市级招标公司对承建企业进行准入审核，对工程质量进行把关，通过对34家公司运营管理能力和公司资质实力的综合比对，共审核入围12家企业。在此基础上，严格了项目技术标准，要求12家企业采用达到“领跑者”技术指标的产品，并委托代理公司按建设规模预收公司的质保金，用于质保期内管理维修。

③ 突破制约瓶颈，保障项目实施

在年初鼓励动员中，除745户、1440名贫困户发展光伏项目外，还有288户、628名一般农户也有发展意愿，为不挤占扶贫项目资金，同时又能惠及一般农户，县委、县政府先后与农行朔州支行、邮政储蓄右玉支行以及县信用联社等多家商业银行进行沟通协商，最终与县信用联社达成协议，一般农户以基准利率的标准进行放贷。在建设过程中，由于43个村变压器负荷不足直接影响到并网容量，同时入户线路老化直接影响了发电功效，县委县政府多次与电力部门沟通协商，电力公司出资300万元免费进行变压器扩容和入户线路改造，进而支持右玉县光伏项目实施。

④ 发展联村电站，完善收益分配

在推进分户式光伏项目建设的同时，右玉县积极部署联村电站和集中式光伏电站，通过折股量化的方式，实现贫困村集体经济持续发展和农村五保户贫困户稳定脱贫。右玉县规划建设联村电站41MW、地面集中电站120MW，2017年底，已向省市扶贫、发改部门申报了项目建设指标，并同步开展筹措资金，通过上级补助一部分、县级自筹一部分、合作企业出资一部分、光伏项目建设用地直接折价入股解决一部分的方式予以解决。集中式电站分红的70%，按人口比例分配到130个贫困村，并作为村集体经济收入，由村集体决策使用，一部分通过设置公益岗位增加贫困人口工资性收入，一部分用于农村公益事业运维服务，一部分通过设立奖励补助支持无劳动能力深度贫困户。集中式电站分红的30%，直接用于全县1004名建档立卡五保户救助。

右玉县光伏发电项目收益全部属于村集体经济收入。2016年投入560万元建成张干户岭700千瓦联村光伏扶贫电站。特别是，2018年抓住国家、省市给予的政策倾斜，建成了30MW集中式光伏电站并于6月份并网发电，2018年12月28日完成22座28MW联村电站建设，截至2019第一季度全县光伏收益376.7万元，目前扣除运营费外，已发放收益201.5万元，惠及全县129户贫困村，3746户贫困户。

2018年6月30日，右玉县西口新能源科技有限公司开发运营的30MW集中式光伏扶贫项目（旺顺电站）成功并网发电。该项目是山西省重点新能源扶贫项目，位于右玉县牛心堡乡石塘村，项目总规模30MW，占地1000亩，总投资2.18亿元。旺顺光伏电站预计年发电量达4200万度，实现年产值3000多万元，创税近500万元。旺顺电站的正式投产，标志着右玉县1000户贫困家庭每户年均增收3000元以上，持续稳定获益20年。

集中式光伏扶贫项目

三、资产收益扶贫

右玉县不断探索资产收益扶贫模式，找准“经理人”，让贫困户以财政扶贫资金入股企业，真正获得财政资金带来的红利，拓宽收入渠道。同时，企业也能从中获得贷款，发展壮大产业，实现共赢。结合实际出台了《右玉县资产收益扶贫试点工作实施方案》，建立资产收益扶贫试点项目库，注入资金 4300 万元，实施 5 大类资产收益扶贫项目：注入图远、祥和岭上两家公司 250 万元，按每年 10% 的比例返还收益，带动大堡村和麻黄头村 72 户 131 名贫困人口脱贫增收；将价值 30 万元的 2 台大型杂粮收割机投入田沃农机专业合作社委托运营，每年将收益的 60% 返还野场村 34 名贫困人口，每人每年保底分红收入 500 元；将 1750 万元产业扶贫资金入股到图远实业、祥和岭上、中大科技、塞上绿洲 4 家企业，每年按注入资金 6% 的比例返还收益，带动 31 个贫困村 350 户 973 人深度贫困户户均年增收 3000 元；将 880 万元扶贫整合资金投入 8 家农业龙头企业，每年按注入资金 6% 通过资产收益方式带动贫困人口 844 户 2516 人增收；以资产收益的方式向县内涉农企业注入资金 1390 万元，保障易地扶贫集中搬迁贫困人口 1018 户 2461 人后续稳定增收。

第三节 “一村一品一主体”产业扶贫

深入贯彻落实习近平总书记关于产业扶贫的重要论述，按照全省“一村一品一主体”产业扶贫和“五位一体”金融扶贫电视电话会议的部署要求，把脱贫攻坚作为第一民生，把“一村一品一主体”作为产业扶贫的主要抓手，以贫困村为单元，立足当地资源禀赋、文化底蕴和比较优势，依托新型农业经营主体带动，组织建档立卡贫困户发展特色产业，促进贫困村和贫困户增收脱贫。

一、基本原则

坚持因地制宜。立足于本地资源禀赋，综合考虑区位优势、产业基础和现场条件等因素，找准产业扶贫的切入点，积极培育发展优势比较明显的主导产业和主导产品。

坚持市场导向。适应市场多样化、优质化的需求，推进农业供给侧结构性改革，推动贫困村发展优质、安全、高效农产品，强化品牌建设，提高农产品市场竞争力和效益。

坚持农民自愿。充分尊重农民的生产经营自主权，采取典型引路、示范带动、政府支持的办法，密切新型农业经营主体与贫困户的利益联结机制，使贫困户参与、分享产业链增值收益，实现稳定脱贫、长久致富。

二、目标任务

“一村一品一主体”是指每个贫困村都要有特色产业和产品，都有带动贫困户脱贫的新型农业经营主体。加快推进贫困村“一村一品一主体”建设，以市场为导向，优选特色产业；以龙头带动为核心，大力培育和引进经营主体；以组织创新为重点，构建贫困户与新型农业经营主体利益联结机制。到2017年底，全县贫困村基本确立“一村一品一主体”，达到“五有”标准，即村有产业、有带动企业、有合作社，贫困户有项目、有劳动能力、有技能，户均新增产业收入3500元以上，2018年巩固提高。

三、实施举措

1. 实施产业扶贫项目

围绕产业布局和区域特点，以项目建设为抓手，以国有企业、民营企业等为主体谋划实施一批产业扶贫项目。2017年，右玉县组织实施11项重点产业扶贫项目，包括：完成干果经济林试种项目0.25万亩；改造退化沙棘林1.1万亩，种植俄罗斯大果沙棘4500亩；完成中药材规范化种植4.4万亩以上；杂粮种植面积稳定在40万亩以上；完成优质鲜食马铃薯生产示范基地0.5万亩；完成草牧业发展工程1.3万亩；进一步巩固提升“右玉羊肉”这一地理标志产品优势，依托本地肉羊加工龙头企业，推进全产业链发展，扶持577人养羊；推进精准扶贫和旅游开发融合发展，打造杀虎口、马营河、樊家窑、海子湾、康家湾5个美丽乡村，并选择交通干道沿线部分村庄，开展美丽宜居示范村建设，努力建设“一村一品味、一村一特色”旅游扶贫“新亮点”。完成电子商务进农村示范县创建工作，力争在淘宝、京东、苏宁易购、乐淘村4个网购平台建设右玉特色馆；各乡镇积极谋划实施一批产业项目，确保贫困村产业扶贫项目全覆盖。

2. 扶持新型农业经营主体

把产业扶贫的着力点放在打造有带动脱贫能力的新型经营主体上，加大对各类经营主体的扶持力度。重点扶持实施“龙头企业+专业合作社+农户”产业化经营模式的农业龙头企业，促使其提档升级，增强带动能力。搭建农业企业与扶贫产业项目对接平台，积极开展对接活动，推进国有企业和民营企业与贫困村的产业项目合作。建立扶贫项目审批“绿色通道”，加快产业扶贫项目建设进度。引导贫困户组建合作社，鼓励返乡下乡创业人员担任村干部，创办领办家庭农场、农民合作社、农业企业和社会化服务组织。

3. 加强产业扶贫组织创新

推进农村合作组织创新，将财政扶持资金、农村集体资产及农民的土地、房屋等资产折股量化，发展农村股份合作制经济，推动合作经济组织、贫困户与企业建立密切的利益联结机制，通过合作经营、自主经营、委托经营等模式形成利益共同体，增强贫困村持续稳定脱贫能力。抓好全县资产收益扶贫试点工作，总结推广“资产（资源）变股权、资金变股金、农民变股东、收益有分红”的资产收益扶贫模式。

4. 强化科技和培训支撑

创新科技服务机制，鼓励科技人员到贫困村领办科技企业，承包特色产业，提供技术服务，由政府补助或农户给予相应技术服务费，建立科技人员技术服务与收入挂钩的推广机制。优先支持贫困村承担科技成果转化项目，提高贫困村新品种、新技术覆盖率。加大贫困地区新型职业农民培训力度，对有劳动能力的贫困人口的培训要实现全覆盖。建立扶贫企业、合作社带头人培养制度，提高农业企业和农民合作社经营管理水平。

5. 完善财政金融扶贫政策

加大财政资金统筹整合力度，采取以奖代补、先建后补、财政贴息等方式对贫困县产业发展项目予以支持。进一步完善政府、金融机构和企业合作机制，构建“政银企”对接平台，扩大企业产业扶贫贷款，推进扶贫小额信贷工作。进一步完善金融扶贫政策，设计促进“一村一品一主体”产业扶贫的金融产品，充分发挥金融扶贫的助推作用。积极发展政策性保险，面向各类新型经营主体和广大农户，量身定制覆盖特色农业产业链的组合型农业保险产品。

6. 加强农业品牌建设

以产业为依托，整合现有品牌，培育新的品牌，打造知名品牌。支持农业企业和农民合作社加大品牌建设投入，建立品牌管理体系，扩大品牌知名度。支持开展“三品一标”基地认定和产品认证，组织开展多种形式的农产品展示展销活动，在大型电商平台开辟特色产品网上销售专区。加快推进农产品集散中心和农产品产地田头市场建设，促进农民合作社与农产品批发市场、电商企业、超市、社区的对接。同时，加快小杂粮地理标志农产品申请认证进程。

第四节　典型案例

右玉县部分村庄发展特色产业，逐渐脱贫，如牛家堡村在产业扶贫上通过发展种植业实现脱贫。在企业帮扶脱贫上，图远实业有限公司套用“公司＋基地＋农户”经营模式，带动一批农民脱贫。

一、典型村庄特色产业脱贫——牛家堡村

牛家堡位于右玉县城西南方向，南傍 109 国道，距威远镇政府 10 公里。全村土地面积 5422.69 亩，耕地面积 2250 亩（含退耕面积 1460 亩），林地面积 740 亩，草地面积 1195.76 亩。全村户籍人口 101 户 282 人，常住人口 21 户 44 人，党员 15 人，建档立卡贫困户 9 户 18 人，通过产业发展脱贫 8 人，社会兜底脱贫 7 人，大病救助脱贫 1 人，生态补偿脱贫 1 人，上学救助脱贫 1 人。主导产业以种植业为主，养殖业为辅。

牛家堡村致贫的原因有两个特点：一是贫困人口素质相对低下。大多数贫困人口文化程度偏低，熟练掌握运用科技知识和实用技术的能力较差，外出务工的劳动力由于文化素质相对低下，身无一技之长，只能依靠体力劳动，收入水平低。部分群众观念守旧、思想落后，存在别人种什么就跟着种什么、别人养什么就跟着养什么的观念，创新意识不足，短视现

象严重。二是产业发展空间较为狭窄。贫困人口平均年龄较大，患病和年老体弱人口较多，劳动力差；农田基本没有灌溉设施，农业条件较差，只能靠天吃饭，农作物产量偏低；养殖业停留在小打小闹、自给自足状态，只是在自家院落零散养殖，达不到规模化。

各级帮扶力量认真研究全村发展规划，积极引导群众改变传统种植习惯，围绕“五有”全覆盖和户均增收3000元以上的目标，结合右玉生态文化旅游开发区建设，大力发展彩色种植，累计种植特色小杂粮240多亩、油菜480多亩，占总耕地面积的90%以上，农业种植特色化水平稳步提升。与此同时，紧紧盯住多项精准扶贫惠民政策，整合多方资源，全力推进集体经济破零行动，一方面，大力发展分布式光伏发电产业，累计投资61万元，装机总容量60MW，直接带动贫困户年均增收3000元左右、一般农户户均增收2500元左右；另一方面，利用整合扶贫资金，购置了15万元的农业机械一套，由村民代表大会决定使用方式和收益分配，出租年均可获租金1万多元，自用可为村民提供免费服务每户折算受益2000元左右。2017年底，贫困户人均可支配收入达到4053.9元。

二、“公司＋基地＋农户”经营模式——图远实业有限公司

右玉县基于地方特色，创新农业龙头企业“公司＋基地＋农户”经营模式，加快发展民营经济和农业中小微企业，引导中小微企业形成具有右玉特色的梯次规模结构。右玉县图远实业有限公司就是典型的案例。

右玉县图远实业有限责任公司成立于2001年，主要从事农副食品加工。公司建有冻干食品车间、面粉加工车间、脱水蔬菜车间、蔬菜生产基地以及餐饮服务度假村等。作为全国最大的冷冻脱水香葱生产企业，图远实业公司围绕小香葱出口搞深度和多品种加工开发，成功将小香葱系列产

品打进美国、英国、澳大利亚、韩国等国际市场。公司发展成为山西省高新技术企业、国家和省市农业产业化龙头企业，成为提供就业岗位和增加农民收入的惠民企业。

公司坚持“以产品壮大企业、以企业带动基地、以基地推动产业”的发展战略，努力营造“市场牵龙头、龙头连基地、基地带农户”的龙型产业体系。

公司按照全县精准扶贫、精准脱贫思路，依托全县“一县一业、一村一品”项目引导，采取“企业 + 农户 + 基地 + 品牌”的生产经营模式，大力发展以小香葱为主的绿色无公害蔬菜原料基地，实施产业扶贫。公司把农户的分散经营用经济的办法组织起来，对种植户进行产前、产中、产后全程服务。公司每年从基地收购各种蔬菜原料 9700 吨，带动 5000 户农民，增加收入 3000 万元，户均 6000 元，为右玉县“精准扶贫，精准脱贫”起到了很好的示范作用。

2013 年，全县共种植香葱面积 1600 余亩，香葱销量达 500 万公斤，按均价每公斤 3.5 元计算，增加农民收入 1700 余万元。2016 年，全县共种植香葱面积 3500 余亩，直接带动农户 5000 户，年增加收入 3000 万元，户均 6000 元。同时，企业在招工方面，优先雇用贫困户，提供 500 多个就业岗位和临时季节性岗位。在脱贫攻坚战场上，像图远这样的龙头企业正发挥出越来越强的带动作用。

右玉县结合实际出台了《右玉县资产收益扶贫试点工作实施方案》，建立资产收益扶贫试点项目库，注入资金 4300 万元，实施 5 大类资产收益扶贫项目。图远实业是资产收益扶贫试点之一，县里将上级给予高家堡乡麻黄头村 150 万元资产收益扶贫试点项目资金，按照入股分红的方式，注入右玉县图远实业有限责任公司，按每年 10% 的资产收益比例返还收益给贫困户。

右玉图远实业有限责任公司

三、乡村旅游脱贫——马营河村

马营河村位于右玉县北端杀虎口旅游区境内，虎山线依村而过，北距杀虎口旅游区 5 公里，南与右卫镇毗邻，交通便捷。全村 66 户 366 人，耕地 2440 亩，林地 4989 亩。马营河村有着丰富的历史文化遗存和美丽的自然风光，有马营河乐楼、五神庙、大量古堡关隘和古建筑。通过拆迁古堡、五神庙、古乐楼周边住户，并积极建设水系、道路、绿化及亭台楼榭工程。马营河通过生态旅游扶贫，大搞乡村旅游，成立了生态旅游专业合作社，开设了旅游商店。举办 2017 年“右玉美丽乡村马营河”传承民俗传统文化旅游盛会，盛大的活动吸引了上千名游客前来参观游玩，接待了来自北京、陕西、内蒙古、太原、大同等地的游客 1.4 万人，直接带动百姓收入 15 万元，如今的马营河村已成为“三晋最美乡村”。

“庆丰收——马营河村森林康养旅游节”

从朔州市中级人民法院院长助理职位退下来的朱某某，退休不褪色，返乡担任马营河村党支部书记，带领村民发展乡村旅游。成立朔州首家生态旅游专业合作社，为发展乡村旅游搭建起了新的平台。立足农业供给侧结构改革和乡村振兴战略，动员村民建成了500余亩集中连片彩色农业观光园，在油菜花盛开季，成功举办了马营河村首届“走西口古道，观塞上民俗，赏苍河胜景”生态民俗文化旅游节、“庆丰收——马营河村森林康养旅游节”，一举打响了马营河乡村旅游品牌，吸引了大批游客，三个多月内，全村就成立起14家“农家乐”。截至目前，已累计接待游客3万余人次，为村民直接创收近30万元。

如今的马营河村，古老的明代乐楼定时上演曲调悠扬婉转的道情戏，进村主要道路两侧都装点上了色彩鲜艳的风车，每户庭院屋内都收拾得干净整洁，满脸洋溢致富喜悦的农民精心编排各类特色精彩节目，随时准备与游人共享文化旅游带来的欢乐。

第五节　产业扶贫经验总结

一、制定科学的产业扶贫政策和规划

1. 政策方面

制定帮扶政策措施到村到户，针对右玉县特色产业制定特惠补贴和优惠政策。

（1）对贫困户发展特色农业实行特惠补贴政策

粮食补贴：建档立卡贫困户发展特色农业，在享受现有农业支持保护补贴标准的基础上，杂粮每亩增加 25 元，薯类每亩增加 50 元，中药材每亩增加 200 元。

种植方面：县政府对中药材种植实行鼓励性政策，免费提供籽种、化肥、除草剂等生产资料，补助标准为当年生 400 元 / 亩、多年生 900 元 / 亩，为种植户缴纳农业保险，当年生 15 元 / 亩、多年生 30 元 / 亩。

养殖方面：30 平方米以内标准化圈舍，补助标准 200 元 / 平方米。发放生产幼驴补贴，标准为 5000 元 / 头。

（2）加快推进光伏扶贫资产收益到村到户

抓紧推进 2015 年和 2016 年光伏扶贫项目建设进度，加快落实光伏扶贫资产收益分配办法，确保电站收益落实到村到户。

各级政府主管部门优先对扶贫电站项目备案，并指导村级电站项目及时向国家申报，尽快纳入国家财政补贴目录。

电网企业在收到国家补贴资金后，及时向用户转付。

2. 规划方面

坚持以脱贫攻坚统揽经济社会发展全局，从国家、山西省、朔州市到右玉县分别制定相关扶贫规划。例如《山西省"十三五"脱贫攻坚规划（2016—2020）》《精准扶贫总体规划（2015—2020）》《右玉县"十三五"脱贫攻坚规划》《右玉县脱贫攻坚（2016）行动方案》《右玉县脱贫攻坚（2017）行动方案》《右玉县2018年脱贫攻坚巩固提升行动计划》《领导干部结对帮扶特困户规划》。针对产业扶贫，出台《右玉县"十三五"特色产业精准扶贫规划》《关于推进"一村一品一主体"产业扶贫的实施意见》《右玉县生态羊全产业链发展规划》《右玉县电子商务产业发展扶持办法（试行）》等，并认真落实。

二、注重改革创新

在推进脱贫攻坚中，右玉县坚持因地制宜，强化改革创新，重点围绕拓展扶贫路径，突出问题导向，创新扶贫开发路径，由"大水漫灌"向"精准滴灌"转变；创新扶贫资源使用方式，由多头分散向统筹集中转变；创新扶贫开发模式，由偏重"输血"向注重"造血"转变。

在产业扶贫方面创新扶贫模式，主要有：

1. 创建"企业＋基地＋农户"模式

2016年以来，右玉县结合各贫困村实际，采取"公司＋基地＋贫困户"的经营对接模式，引导驻朔企业和县内企业到贫困村结对帮扶。通过发展壮大沙棘、苦荞、小杂粮、肉羊等农副产品加工企业，带动贫困户增收致富。目前，右玉县已经初步形成了图远、臣丰、塞上绿洲、宏宇牧业等农业龙头企业。

2. 创建“公司 + 合作社 + 农户”的经营模式

杂粮、中药材、畜禽、沙棘等产业方面，建设标准化原料基地，推动农产品初加工、精深加工及综合利用加工协调发展，创建“公司 + 合作社 + 农户”的经营模式。

3. 电子商务多种模式

创建“电商企业 + 贫困户”“互联网展会营销 + 农产品”“电商服务站点 + 贫困户”等模式，将“电商 – 右玉产品 – 贫困户 – 服务”等衔接起来，通过营销产品或服务实现脱贫。

4. 资产收益方面

投入资金 1 亿元，推行“银行 + 企业 + 贫困户”和“产业 + 银行 + 贫困户”两种模式，实施资产收益扶贫项目，发展壮大主导产业，6115 名贫困人口通过资产收益稳定增收。

三、全社会积极参与

右玉县坚持政府主导和社会参与相结合，广泛动员和凝聚社会力量参与扶贫，形成了政府、市场、社会互为支撑，专项扶贫、行业扶贫、社会扶贫“三位一体”的大扶贫格局。右玉县充分发挥非公经济和社会组织中党组织的作用，引导非公企业和社会组织参与脱贫攻坚。对吸纳贫困人口就业的县内企业，按规定给予税收优惠、职业培训补贴等政策倾斜。搭建社会扶贫平台，建立完善激励机制，鼓励县内企业积极参与脱贫攻坚。加强与市派联村企业沟通对接，推动企业帮扶纵深发展，引导联村企业通过公司化、股份化运作，推动贫困村产业向种、养、加、销一体化方向发展。同时，支持联村企业以合作、入股的方式参与到中药材种植、光伏扶贫、旅游扶贫、农村电商扶贫和易地扶贫搬迁中，带动帮扶村向“一村一品一主体”方向发展。2017年9月19日，全省企业与贫困县合作帮扶现场会在右玉召开，充分肯定了该县企业帮扶脱贫工作。

在推动企业帮扶脱贫工程方面，采取资金扶持、产业带动、资产收益、项目引领等措施，推进企业帮扶工作，激发内生动力，加快脱贫增收步伐。

第六节 产业扶贫成效

以产业扶贫助力贫困对象稳定脱贫，以产业发展引领贫困对象持续增收，走出了一条具有县域特色的产业脱贫路径。截至2017年底全县产业帮扶10128人，其中，养殖扶持5056人、中药材种植扶持3789人、旅游扶持51人、光伏扶持1232人，并对配套建设的1282套标准化圈舍进行补贴，占贫困人口的61%。另外，资产收益带动5046人。

通过产业扶贫工作，右玉县摘掉了贫困县的帽子，而且产业发展也出现良好局面。逐步构建了现代农业产业体系、生产体系、经营体系，提高了农业创新力、竞争力和全要素生产率，不断夯实了农村产业发展基础，提升了扶贫造血功能。主要表现在：

一、加快了扶贫产业区域化、规模化和产业化

右玉依托良好的生态，因地制宜，多业并举，按照“生态发展产业化、产业发展生态化”的思路，不断提升高质量发展绿色品质。基于地方特色，深化特色产业扶贫。快速推进中药材种植、特色养殖、光伏项目、乡村旅游、电商等特色产业发展，在优化布局中加快产业转型升级，提升了产业扶贫能力。

1. 生态种植业产业化集聚

坚持推广特色种植，油菜、胡麻、藜麦等彩色作物种植规模达到1.8万亩，建成高标准现代农业园区1605亩、鲜食马铃薯生产示范基地1400亩、小香葱种植基地3500亩，“右玉燕麦米”申报国家地理标志。

现在，右玉全力发展以板蓝根、党参、黄芩、黄芪为主的中药材种植。全县培育3个发展潜力大的中药材加工龙头企业，扶持10个优势明显的中药材专业合作社，建设20个特色中药材种植示范村，发展30万亩中药材种植基地，一条集产销加工于一体的中药材产业链正在成型。

2. 生态养殖业全产业链推进

全面落实草原生态保护补助奖励政策，全力推进雁门关农牧交错带示范区建设，着力构建集饲草种植、规模养殖、屠宰加工为一体的畜牧产业化体系。

3. 绿色食品加工业线上线下同步拓展

积极开发小杂粮、苦荞、沙棘等绿色优势农产品，建成臣丰苦荞、汇源沙棘果汁、张千户岭生态养羊等农业龙头企业20多家，形成了杂粮、脱水蔬菜、胡麻、饮料、畜产品“五大加工体系”，基本实现本地大宗农产品就地加工转化增值，右玉成为全国小杂粮基地县、全国重要的沙棘产业基地和全省重要的绿色食品生产基地。

全面实施国家电子商务进农村示范县项目，自建了“西口人家”电商平台，建成县级电子商务公共服务中心、物流配送中心、电商孵化中心各1个，村级服务点144个，与顺丰速运、供销E家等平台签订了深度合作协议，在京东、苏宁易购、公益中国等平台开设“右玉特色馆”，并在公益中国平台开设了扶贫专区，2018年全县电子商务网络交易额达8121万元，网络零售额达4319万元。

4. 生态工业实现全面循环可持续

把劣势转化为优势，将沙固定住，让风围着风车转，向风借势、问光要电，催生了一个颇具规模的清洁能源产业链，全县清洁能源总装机容量突破 130 万千瓦，成为山西省最大的清洁能源基地，全县形成以清洁能源、LED 高新技术等为主的绿色工业格局。

5. 推进文旅融创，打造高质量发展创新引擎

右玉继获批全县域国家 4A 级旅游景区，被确定为第一批国家全域旅游示范区创建单位后，经 2017 年 4 月山西省人民政府第 148 次常务会议批准设立右玉生态文化旅游开发区，成为山西省首家以生态文化旅游业为发展方向的省级开发区。右玉生态文化旅游开发区占地面积 417.38 平方公里，占全县总国土面积的 21.2%，由“两园一带”三大功能区构成，以此为引擎带动全域旅游实现井喷式发展，2018 年，全县共接待旅游总人数 290 万，实现收入 26.9 亿元，分别增长 32.4%、28.2%。

二、实现了扶贫精准对接，健全了利益联结机制

探索并推进连片开发式、资源入股式、订单合作式、龙头带动式四种产业帮扶模式，加快农村“五有”产业扶贫机制建设，突出抓好贫困户与新型经营主体的利益联结，引导建立“企业 + 合作社 + 贫困户”等模式，将企业、合作经济组织、贫困户结成命运共同体，使贫困户“有业可从、有企可带、有股可入、有利可获”，使贫困户获得稳定收益。

三、产业发展良性循环

产业扶贫过程中，在政府政策带动、国企帮扶和资金扶持下，右玉县的优势产业和特色产业得到进一步的提升，并形成品牌效应，带动了地方经济发展和人民群众发家致富。

第七节　产业扶贫的发展方向

当前，右玉县与全面建成小康社会的目标还有较大差距，主要表现在经济总量偏小、综合实力仍然不强，2017 年全县生产总值 67.19 亿元，农村常住居民人均可支配收入 7161 元；产业结构不够优化、融合程度不高，特别是农业主导产业竞争力还未完全形成，对农业农村发展的支撑作用发挥不够充分；脱贫村、非贫困村产业发展不均衡，集体经济收入来源单一，基础较为薄弱；对外开放意识不强、程度不高，支撑转型发展的大项目、好项目不多，生产要素集聚不够，企业创新意识、创新能力亟待提高，转型发展的产业基础整体相对较差。

一、产业扶贫和乡村振兴、新农村建设相结合

坚持“绿化、彩化、财化”的要求，将造林绿化与旅游产业发展、美丽乡村建设、林业经济发展等紧密结合，注重提升生态、景观、经济等综合效益，不断提升造林质量，持续厚植生态优势。每年保持 8 万亩以上的造林绿化力度，力争 2020 年实现全域宜林荒山基本绿化。加快推进村庄道路绿化、环村绿化、街巷绿化、庭院绿化、校园绿化和公共绿地建设，全面开展绿色生态村庄建设。

二、深化特色产业扶贫

基于地方特色，深化特色产业扶贫。加快推进中药材种植、特色养殖、光伏项目、乡村旅游、电商等特色产业，在优化布局中加快产业转型升级。对脱贫攻坚中已经培育形成的产业，持续在技术、资金、信息等方面进行帮扶；对尚未形成特色产业的，帮助找准产业发展方向、谋划实施

具体项目。充分发挥部门行业优势，依托现有的产业基础，做大传统种养产业，做强龙头带动产业，做好新型富民产业。围绕有劳动能力的贫困户户均年新增产业收入 3000 元以上的目标，积极探索和推进连片开发式、资源入股式、订单合作式、龙头带动式四种产业帮扶模式，加快农村“五有”产业扶贫机制建设，突出抓好贫困户与新型经营主体的利益联结，引导建立“企业 + 合作社 + 贫困户”等模式，将企业、合作经济组织、贫困户结成命运共同体，使贫困户“有业可从、有企可带、有股可入、有利可获”，使贫困户获得稳定收益。

第八节　未来规划

以习近平新时代中国特色社会主义思想为指引，全面贯彻落实党的十九大精神，落实以人民为中心的发展思想，坚持以巩固提升脱贫成效统揽工作全局，集中 3 年时间，建成一批有利于右玉县“三农”发展的重大工程，着力构建支撑全面小康的特色产业体系和公共服务体系，确保现代农业体系基本建成，农村生态全域改善，基层组织建设不断加强，乡村治理体系进一步完善，乡村振兴取得突破性进展，为全省巩固提升脱贫成效探路子、树标杆、做示范。右玉县委在脱贫基础上，制定《右玉县巩固提升脱贫成效三年规划（2018—2020）》。

一、规划目标

预计 2020 年，全县地区生产总值达到 77.56 亿元，年均增速 7% 左右；一、二、三产业比重调整为 7∶43∶50；城镇化率达到 60%，城镇人口达到 6.9 万；城镇常住居民人均可支配收入达到 2.8 万元，农村常住居民人均可支配收入达到 9082 元，人民生活水平全面提高，社会保障全民覆盖，基本公共服务均等化总体实现。

二、产业发展举措

在产业扶贫方面，特色产业帮扶持续不变。加快推进中药材种植、特色养殖、光伏项目、乡村旅游、电商等特色产业，在优化布局中加快产业转型升级。围绕有劳动能力的贫困户户均年新增产业收入3000元以上的目标，加快农村“五有”产业扶贫机制建设，突出抓好贫困户与新型经营主体的利益联结，引导建立“企业＋合作社＋贫困户”等模式，将企业、合作经济组织、贫困户结成命运共同体，使贫困户“有业可从、有企可带、有股可入、有利可获”，使贫困户获得稳定收益。

1. 做大特色产业

按照构建“2+7+N”产业格局的部署，抓好相关项目的落地、开工、投产，促进全县产业结构优化升级。

（1）加快形成康养产业集群

发挥右玉羊肉、小杂粮、沙棘的品牌优势，着力推动本地大宗农畜产品就地加工转化、延伸产业链条、增加产品附加值，实现特色产品集群发展，力争到2020年沙棘产品综合生产能力达到4万吨，产值达到2.5亿元；富硒小杂粮生产能力达到3万吨，β 亚麻酸系列化妆品生产能力100万套。

（2）不断壮大清洁能源产业

积极鼓励有资源条件和资金条件的乡村参与光伏电站建设，推进村级光伏电站、户用光伏电站和适度建设集中式光伏电站。加快推进2.82万千瓦联村光伏扶贫电站和1座3万千瓦集中式光伏扶贫电站项目建成运营，做好已建成光伏扶贫电站并网发电和后期运营维护工作，同步改革光伏扶贫收益分配模式，确保收益效益最大化；全面推进国电投高家堡10

万千瓦、玉龙集团牛心堡三期9.95万千瓦、雷公山四期5万千瓦和大唐丁家窑二期5万千瓦4个风电项目，同泉2.4万千瓦生物质能发电项目取得新进展。到2020年，全县风电装机容量达到140万千瓦，光伏发电装机容量达到30万千瓦。

（3）做优特色农业

以农业供给侧结构性改革为主线，按照绿色、有机、无公害的行业标准，大力实施杂粮振兴、畜牧业提质战略行动，建成一批规模较大、有市场、有特色的优势农产品标准化生产示范基地。实施质量兴农战略，做好农业标准化生产，着力打造好野场5000亩高标准现代化种植园区和图远公司国家级3500亩出口示范基地建设。完成无公害、绿色、有机产品基地认证3万亩，小香葱、杂粮、马铃薯等农产品品种认证达到8个。新打造有机旱作农业示范基地3000亩，着力培育小杂粮、马铃薯、小香葱、油菜等有机旱作农业品牌产品。继续推广中药材种植，力争中药材种植面积提升到10万亩以上，建成5个地道中药材标准示范园区和2个中药材加工企业，同步开展地道药材创建工作。紧紧抓住省市支持右玉县沙棘林改造的良好机遇，实施沙棘林改造工程，大力发展沙棘产业，对集中连片的10万亩低效低产沙棘林进行修复改造，建设高标准优种沙棘经济林3.6万亩，力争将右玉县建设成为全国重要的沙棘生产基地。巩固提升期内，完成3万亩优质杂粮全产业链开发项目、1.2万亩优质鲜食马铃薯生产示范基地项目、6000亩优质特色蔬菜产业开发项目、300亩退耕还水项目、3万亩彩色种植项目、5000亩高标准农田建设项目。从2018年开始，每年争取中央、省级投资100多万元，培训新型职业农民、农村经营主体带头人1000人，保证有劳动能力的农民人人有种养技能。同时，积极培育新型农业经营主体，每年通过项目带动和资金扶持，培育壮大农业合作社、种植大户、农业产业化企业等各类经营主体30户，并在250个重点村新建农村推广信息服务站。全面落实草原生态保护补助奖励政策，加强草原生态建设，全力推进雁门关农牧交错带示范区建设，重点抓好右玉生态羊全产业链发展，着力构建集饲草种植、规模养殖、屠宰加工为一体的畜牧产业化体系。每年建设3—5个草畜一体化田园综合体示范场，力争到2020年达到15个，右玉生态羊年加工能力达到100万只，年实现产值10亿元。以玉龙马业、祥和岭上、绿之源草业公司为带动，辐射周边村庄种植优质牧草。持续加大畜产品质量安全监管力度，加强防疫检疫，探索兽医社会化服务体系建设。到2020年，全县农机总动力达到13万千瓦、机械化播种面积达到45万亩、综合机械化水平达到70%。

（4）推动农村一、二、三产业融合发展

积极发展农产品加工、储藏、包装、运输、商品化处理等相关产业，延伸产业链、提升价值链，着力推进小杂粮、马铃薯、中药材、羊肉、苦荞、沙棘等精深加工产业发展，通过建设羊肉、小杂粮、马铃薯等特色农产品贮藏、保鲜、烘干、分级、包装等初加工设施，延长存放期、均衡上市、减损增效。

2. 政策保障

（1）壮大农村集体经济

全力壮大农村集体经济，以农村集体资产、资源、资金等要素有效利用为纽带，以土地股份合作、农业生产经营合作为主要经营方式，因地制宜地探索混合经营等多种集体经济实现形式，促进集体资产保值增值，力争到2020年所有村实现集体经济3万元以上。全面改革集体经济收益分配模式，将收益划入村集体经济切块分成公益性岗位安置基金、产业发展引导基金和兜底保障资金，进一步强化村集体管理水平。

（2）扩大招商引资

围绕主导产业和优势资源，开展精准招商、以商招商、延链招商，重点在生态文化旅游开发、煤化工循环产业、生态种养殖业、农副产品加工、商贸物流、康养休闲等方面加大招商引资力度，3年引进大型农畜产品加工企业5家，生态文化旅游企业5家，大型养殖企业3家。引进主导产业配套企业，完善产业链条。完善招商引资用人机制，营造招商引资浓厚氛围。

（3）加强财政支持

突出政府投入的主体和主导作用，严格落实财政资金投入总量和增幅“双增长”机制，在中央、省级财政转移支付的基础上，县本级增加对产业发展、乡村建设、民生保障、基层党建的支出保障，统筹整合扶贫资金、涉农资金和社会帮扶资金捆绑集中使用，确保财政投入总量和全面小康建设任务相适应。同时，通过提高县级财政承担比例、合理划分事权和增加转移支付项目等方式，扩大财力性转移支付规模，增强乡镇政府公共服务能力。

（4）做好金融扶持

引导开发性、商业性、合作性金融机构重点支持移民后续发展、光伏扶贫、乡村旅游、基础设施建设及其他开发性扶贫项目。同时，强化金融支撑产业项目的储备、筛选和优化，探索开展农村承包土地经营权依法向金融机构融资担保、入股参与农业产业化经营。加强农村信用体系建设，建立脱贫户信用评价指标体系，推进“信用户”“信用村”的评定与创建。推广小额贷款保证保险，发展特色农业保险，推进大病医疗补充保险与意外伤害保险，对脱贫户保险保费适当给予补助。

（5）强化土地保障

合理安排用地指标，优先保证重点区域、重点项目建设用地。同时，充分利用城乡建设用地增减挂钩和周转指标规模不受限制的有利政策条件，符合土地整治规划和国家项目报备条件要求的产业扶贫企业自行出资开发的新增耕地，全部用于企业新增建设用地的占补平衡，并纳入新增耕地储备库，结余部分在全省范围内有偿使用。

第六章 立足“两山”理念，实施生态脱贫

生态扶贫是在现有资源环境状况和经济发展水平下，从本地区实际出发，在进行生态环境基础设施建设、实施生态环境工程、发展生态产业过程中，提高贫困人口的生活水平，实现生态环境与经济发展相协调。为贯彻落实《中共中央　国务院关于打赢脱贫攻坚战的决定》《“十三五”脱贫攻坚规划》精神，牢固树立和践行“绿水青山就是金山银山”的理念，充分发挥生态保护在精准扶贫、精准脱贫中的作用，切实做好生态扶贫工作，按照国务院扶贫开发领导小组统一部署，国家发展改革委、国家林业局、财政部、水利部、农业部、国务院扶贫办共同制定《生态扶贫工作方案》(发改农经〔2018〕124号)，部署发挥生态保护在精准扶贫、精准脱贫中的作用，实现脱贫攻坚与生态文明建设“双赢”。坚持扶贫开发与生态保护并重，采取超常规举措，通过实施重大生态工程建设、加大生态补偿力度、大力发展生态产业、创新生态扶贫方式等，切实加大对贫困地区、贫困人口的支持力度，推动贫困地区扶贫开发与生态保护相协调、脱贫致富与可持续发展相促进，使贫困人口从生态保护与修复中得到更多实惠。具体措施包括：通过参与工程建设获取劳务报酬、生态公益性岗位得到稳定的工资性收入、生态产业发展增加经营性收入和财产性收入、生态保护补偿等政策增加转移性收入等方式，增加贫困人口收入。强调要选择与生态保护紧密结合、市场相对稳定的特色产业，将资源优势有效转化为产业优势、经济优势。其中，生态旅游业、特色林产业和特色种养业作为重点发展领域。

第一节　生态扶贫背景

右玉县地处毛乌素沙漠的天然风口地带，曾是一片风沙成患、山川贫瘠的不毛之地。新中国成立之初，全县土地沙化面积高达76%，林木绿化率不足0.3%。山西省右玉县60多年来，一张蓝图、一个目标，县委一任接着一任、一届接着一届率领干部群众坚持不懈干，把“不毛之地”变成了“塞上绿洲”。全县总面积1969平方公里，其中耕地面积87万亩，林木绿化率54%。右玉县已经成为国家级生态示范区、国家可持续发展实验区、全县域国家4A级旅游景区，国家生态文明建设示范县、“绿水青山就是金山银山”实践创新基地，入选全国首批全域旅游示范区创建名单。2017年，山西省委、省政府批准设立右玉生态文化旅游开发区，成为全省首家以生态文化旅游产业为发展方向的开发区。

右玉县作为生态保护和生态恢复的典型性代表，在右玉县脱贫攻坚战中，生态扶贫成为重要的措施。右玉县大力发展生态产业、实施生态扶贫，精准助力脱贫攻坚。

第二节　生态扶贫主要举措

右玉县生态扶贫的优势明显，生态环境治理项目多，是全国首批全域旅游示范区、国家生态文明建设示范县和“绿水青山就是金山银山”实践创新基地，成为山西省首家生态文化旅游开发区，政策优势叠加、发展空间广阔；山西省、朔州市相继出台了支持右玉县绿色发展的良好政策，为率先绿色转型发展、实现全面小康奠定了更加坚实的基础。右玉县委、县政府围绕实现贫困对象“两不愁、三保障”的目标，以“五个一批”为抓手，坚持“六个精准”要求，把转变扶贫方式与实施精准扶贫结合起来，纵深推进精准扶贫、精准脱贫。县委确定“旅游兴县和脱贫攻坚”两大战略部署，以传承弘扬右玉精神为主导，以良好的生态环境为依托，牢固树立“绿水青山就是金山银山”的理念，坚持保护生态，实现绿色发展。近年来立足工作实际，聚焦精准方略，多举措、多渠道帮助贫困群众脱贫致富，集聚各方面资源要素，集中全部人力、物力、财力，在精准实施“八大工程、二十项专项行动”的同时，把脱贫攻坚和生态文明建设紧密结合起来，把发展绿色富民产业放在优先位置，积极探索生态脱贫、绿色发展新路子，将生态优势转化为生产力，全面释放生态红利，切实把建设绿水青山的过程变成群众增收脱贫的过程。

一、生态补偿

以习近平总书记“两山”理念为指引，山西省委、省政府支持右玉绿色发展为契机，坚持林业发展和脱贫攻坚相统一。以退耕还林奖补、荒山绿化务工、森林管护就业、经济林提质增效和特色林产业增收为重点，以实施林业扶贫攻坚“五大工程”(退耕还林、荒山绿化、森林管护、经济林提质增效和特色林产业）为抓手，全力打好生态脱贫攻坚战。

右玉县落实公益林管护和效益补偿政策。要求各乡镇严格按照《右玉县国家级公益林生态效益补偿基金管理办法》的规定，加强国家级公益林管护和效益补偿资金的管理和兑现，夯实资金管理基础，确保规范、安全、有效使用补偿资金。

1. 林业生态补贴扶贫

在生态林建设过程中，右玉县坚持政策和资金向贫困地区和贫困人口倾斜，将贫困地区的生态治理作为重点，大力实施荒山造林、退耕还林、绿化“三个一工程”等生态治理项目，不断改善贫困地区的生态环境。

右玉县制定出台《林业生态扶贫攻坚实施方案》《生态扶贫攻坚造林绿化建设项目议标办法》《扶贫攻坚造林专业合作社管理办法》等政策。鼓励贫困人口组建绿化造林专业合作社，并在政府招投标中给予优先中标的政策优惠，促进贫困人口就业增收。2017 年完成大片造林 10.24 万亩，封山育林 1.87 万亩，通道绿化提升 80.5 公里，是历史上投入力度最大的一年。

右玉县启动实施新一轮退耕还林工程，在充分尊重农民意愿的基础上，将符合政策的坡耕地应退尽退，让贫困户通过享受退耕还林政策实现脱贫，补助标准为每亩 1500 元，分 5 年兑现（分别为 500 元、150 元、300 元、150 元、400 元）。同时，延长上一轮退耕还林补偿，按照 90 元 / 亩 / 年的标准再补偿 5 年。协调解决好退耕地块，优先保证贫困户退耕需求。同时，将有劳动能力的贫困户选聘为生态管护员。2017 年按照每亩每年 1500 元的标准补偿，退出 19 户 49 名贫困人口耕地 191 亩，人均获得补偿 1945 元。

实施退耕还林工程

2. 实施造林合作社

积极扶持营造林企业和民营林业大户，领办扶贫攻坚造林专业合作社，带动贫困农户参与生态建设增收。扶贫攻坚造林专业合作社由经济实力强的造林公司、社会组织和集体个人创办，吸纳的贫困人口占总社人员的60%以上。2017年春季实施的2.16万亩造林工程全部通过议标方式落实到20家扶贫攻坚造林合作社，惠及贫困人口332人，人均增收3100元。林业工程项目采取议标的形式，优先安排给扶贫攻坚造林专业合作社组织实施，让参加合作社的贫困群众通过参与造林绿化实现增收脱贫。

3. 实施护林员聘任制度

右玉县制定出台《生态护林员选聘办法》，依托国家级公益林、天然林保护等各类管护项目，按照县管、乡聘、村用的机制，公开聘用护林人员，因管护岗位50%以上由能胜任野外巡护工作的贫困人口承担，部分建档立卡的贫困人员就地转化为护林员，这样每人每年可得到5300—9960元管护补助，真正实现“聘用一人护林，带动一户脱贫”的目标。右玉县近年来依托天保、未成林等管护项目和国电集团绿色发展基金，聘用护林员798名，其中包括建档立卡贫困人口473名，每年人均可获得6600元劳务收入。

4. 企业成立绿色生态保护扶贫基金

国电集团在右玉县设立了1000万元“绿色生态保护扶贫基金”，通过聘用建档立卡贫困人口担任护林员，让贫困群众参与森林管护增加收入。

生态护林员养护林木培训

二、生态环境治理

右玉县牢固树立“绿水青山就是金山银山”的理念，始终把生态文明融入经济社会发展全过程，不断增进人民群众生态福祉。坚持“绿化、彩化、财化”的要求，注重提升生态、景观、经济等综合效益，抢抓支持右玉高质量发展的政策机遇，全力争取项目和资金，保持每年 8 万亩以上的造林绿化速度，持续厚植生态优势。实施京津风沙源治理二期工程水利水保项目和坡耕地水土流失综合治理工程，继续推进以水污染防治、水生态修复、水资源节约利用“三水”共治为重点的清河行动。具体措施包括：

一是生态环境建设过程。通过植树种草进行大规模生态环境建设，实施了京津风沙源治理水利水保项目、坡耕地水土流失综合治理工程，建设水源工程和节水工程各 20 处，综合治理小流域 11 平方公里。鼓励贫困人口组建绿化造林专业合作社，并在政府招投标中给予优先中标的政策优惠，促进贫困人口就业增收。

二是加大治水兴水力度。开工建设了右玉南部缺水地区引黄供水工程，彻底解决右玉南部26个村庄的人畜饮水问题。鼓励贫困人口组建水利基建专业合作社，并在政府招投标中给予优先中标的政策优惠，促进贫困人口就业增收。

三是村容村貌和环境整治工程。污水处理和公共服务提升工程正在加紧推进。在具体工作中，统筹解决水、电、路、网、房等基础设施建设和村容村貌改善。坚持以贫困户住房为重点、兼顾一般的原则，投入专项资金对全县农村住房进行修缮和加固。投资2805万元，对全县129个贫困村环境进行集中整治提升。投资2000万元，对94个村（含21个贫困村）26452人（其中贫困人口4420人）的饮水安全进行巩固提升，行政村安全饮水达标率达到100%。

四是设置环境治理扶贫岗位和奖励机制。村集体通过设置公益岗位（如道路维护员、保洁员、安全巡护员等）、开展公益事业（如村内道路维修、环境卫生整治等）、设立奖励补助（如奖励先进、资助困难等）调动贫困户积极性的方式，将收益按劳务所得发放到贫困户的手中。

农村人居环境整治

三、生态搬迁

根据山西省人民政府办公厅《关于印发山西省“十三五”时期易地扶贫搬迁实施方案的通知》和右玉县人民政府办公室《关于印发右玉县“十三五”时期易地扶贫搬迁实施方案的通知》，右玉县积极实施该项工作。

搬迁工作涉及全县 11 个乡（镇）214 个村，主要是仍居住在偏远的山庄窝铺、旅游区、林区等限制或禁止开发区、采煤沉陷区和地质灾害威胁区的建档立卡贫困人口和确需同步搬迁的农户实施易地搬迁，尽量实现自然村整村迁出。把“一方水土养不起一方人”的地方或仍居住在危房、土坯房、石板房等生命财产受到威胁需要搬迁的贫困户作为易地搬迁工作的首要任务。同时，生活在缺乏基本生存条件地区且具备搬迁和安置条件的优先搬迁。

围绕改善搬迁对象生产生活条件和发展环境，建设住房和必要的附属设施以及水、电、路、气、网、暖等基本生产生活设施，配套建设教育、卫生、文化等公共服务设施。注重后续产业发展，整合农业、林业、水利、扶贫、人社等项目资源，对移民搬迁安置户进行后续产业发展、贫困户增收、能力培训、就业促进等项目支持，确保搬迁安置户“搬得出、稳得住、能发展、可致富”。同时，搞好迁出区的土地整治和生态恢复。

1. 安置政策

安置方式：按照群众自愿、应搬尽搬的原则，综合考虑水土资源条件和城镇化进程，采取集中安置与分散安置相结合的方式多渠道解决。

集中安置：县城、乡镇集中安置点推行“六统一”模式，即统一规划、统一设计、统一建设、统一风格、统一标准、统一配套基础设施和公共服务。搬迁户根据家庭实际人口，按人均不超过 25 平方米标准选择户型，并负担应由农户承担的建房资金。

分散安置：支持搬迁对象通过进城务工、投亲靠友等方式在集镇、县城购买砖混结构商品房自行安置，给予易地扶贫搬迁货币化补助，人均居住面积要严格执行不超过 25 平方米的标准。

安置标准：按照"保障基本、安全适用"的原则，中央及省补助的建档立卡贫困户人均住房建筑面积不超过 25 平方米，宅基地严格按照当地标准执行。对于确需与建档立卡贫困人口同步搬迁的农户人口，结合地方财力和农户自筹能力，自行确定面积控制标准，坚决防止盲目扩大住房面积、宅基地。搬迁户人均自筹资金不超 0.3 万元，户均不超过 1 万元。

补助标准：建档立卡贫困人口易地扶贫搬迁集中安置建房人均补贴 4.7 万元（其中集中安置建房人均补助 2.5 万元，配套基础设施人均补助 0.75 万元，配套公共服务设施人均补助 0.63 万元，县政府整合补助 0.82 万元），配套实施资金统筹集中使用，确保搬得出、稳得住、能脱贫。建档立卡贫困人口分散安置建房人均补助 2.82 万元（其中建房人均补助 2 万元，县政府整合补助 0.82 万元）。自然村整村搬迁中确需同步搬迁的农户，可与贫困人口一并享受统筹规划安置区基础设施、公共服务设施建设，同步搬迁人口给予人均补助 1.2 万元。

奖励标准：建档立卡贫困搬迁人口签订旧房拆除协议并按期完成拆除的，人均奖励 1 万元；签订土地复垦协议并自行完成宅基地复垦的，人均再奖励 0.5 万元。也可以由乡政府统筹复垦奖励资金，统一组织复垦，确保复垦达标，经得起政府审核验收。同步搬迁人口的宅基地腾退复垦奖补资金同上。

分房方式：为了做好右玉县易地扶贫搬迁安置房分配工作，实现"科学分房、公平分房、阳光分房"，根据相关法律法规和《右玉县"十三五"时期易地扶贫搬迁实施方案》及县政府相关会议纪要，结合实际，右玉制定了《右玉县易地扶贫搬迁集中安置房分配方案》。采取公开、公平、公正和随机摇号、公开分房、安置户参与的原则，采用摇号方式进行，先摇顺序号，再摇安置房号。

绩效目标：实施易地扶贫搬迁后，可以从根本上改善贫困人口的生存环境、生活条件，为搬迁群众脱贫致富和稳步发展奠定坚实的基础，可促进当地区域经济发展和加快城镇化进程。

（1）社会目标

实施易地扶贫搬迁工程，使搬迁群众生存环境根本转变，生活质量得到较大提高，主要表现在以下几个方面：

帮助搬迁群众从现在居住的简陋的窑洞及土坯房搬出，迁入宽敞明亮的新居，住房条件明显改善；项目选址交通便利，供水、供电、道路等基础设施配套齐全，彻底解决了行路难、饮水难等问题。

（2）经济目标

易地扶贫搬迁工程目标在于“搬得出、稳得住、能致富”，为了使搬迁群众的生产、生活条件得到根本改善，帮助农民稳步致富，结合右玉县产业发展规划和搬迁村产业现状，易地扶贫搬迁后利用旧村土地资源规模发展养殖业，同时，可以就近务工解决就业。通过多项措施的实施，一方面有助于帮助移民提高自我发展能力，真正实现“搬得出、稳得住、能致富”的目标；另一方面可促进区域经济持续发展。

2. 安置措施

易地扶贫搬迁是要保证贫困农民能够“搬得出、稳得住、能致富”，同时在建设移民安置房时，还要尽量减少贫困户的负担，为此在实施易地扶贫搬迁工作时，主要坚持以下六项原则，确保移民搬迁工作顺利开展。

一是政府主导，农民自愿。县、乡人民政府对易地扶贫搬迁工作负主体责任，农民群众是移民搬迁的受益主体。要在紧紧依靠群众的基础上，通过传达上级补助政策、落实保障措施、加大公共服务、强化宣传动员等措施，引导符合条件的搬迁户自愿选择搬迁方式、搬迁地点和搬迁时间，不搞强迫命令。按照统筹城乡的要求，制定移民搬迁优惠政策，整合项目资源，统筹项目资金，鼓励有条件的搬迁户进城入镇，扩大城镇人口规模。

二是超前规划，分步实施。移民搬迁规划要坚持高标准、高起点要求，一步规划到位，给未来发展留足空间，确保长远发展。移民搬迁工作要按计划、分年度、分步骤组织实施。

三是避灾减贫，有业安置。把消除安全隐患、减少贫困人口、实现长治久安作为移民搬迁安置工作的出发点和落脚点。抓好移民搬迁农户住房、基础设施、产业发展、能力建设、公共服务、生态环境六大建设，缩小发展差距，促进持续发展。采取发展现代农业和二、三产业，加大劳动力转移技能培训，设置社区公益性岗位等方式，发展产业，鼓励创业，扩大就业，增加收入，让搬迁群众安居乐业。例如2015年，右玉利用易地扶贫搬迁后续产业发展资金，采用企业带动的办法，通过百企千村产业扶贫项目，通过安置就业、帮扶产业发展等方式，解决移民的产业发展问题，做到了有业安置。

四是分类指导，相对集中。对规划确定的移民村原则上要做到整体搬迁。安置形式可根据搬迁户所处的不同地理环境、自然条件、经济基础及生活习惯等，因地制宜，分类指导，鼓励进城安置、集镇安置、移民新村安置，支持跨省市外迁。按照集约、节约用地原则，坚持以集中安置为主、分散安置为辅，对进城、入镇、迁入农村新型社区的搬迁安置房实行统规统建。

五是政策扶持，市场运作。采取市场化运作和政策补助相结合的办法，鼓励社会资金、民间资本参与移民搬迁安置工程建设，形成多元化投资格局。把移民搬迁安置与保障性住房建设、重点集镇建设结合起来，加快安置小区建设，尽力降低搬迁安置投资成本。

六是公开公正，阳光操作。根据移民搬迁安置确定的范围和标准，公开、公正确定移民搬迁安置对象，严格执行补助标准，杜绝暗箱操作、以权谋私等行为发生。

3. 实施结果

（1）整体情况

全县“十三五”期间易地扶贫搬迁共安置1199户3035人，其中建档立卡贫困人口1184户2984人（分散安置166户523人，集中安置1018户2461人），同步搬迁人口15户51人。搬迁满意度测评为100%。

全县共设置集中建楼（房）5个安置点、1个集中回购楼安置点和分散安置项目1个。截至目前，安置点开工率100%，完工率100%。

（2）搬迁入住情况

1）集中建楼（房）：（建档立卡贫困人口343户892人，同步搬迁人口1人）入住率100%。

①新城镇马官屯村：应安置搬迁户132户448人，已于2018年4月23日在县职工活动中心进行公开摇号分房。截至目前，全部领取住房钥匙，完成搬迁。

②威远镇康平村：应安置搬迁户100户234人，已于2月27日在县职工活动中心进行公开摇号分房。截至目前，已全部领取住房钥匙，其中22户48人已搬迁入住，其他户正在陆续搬迁入住。

③右卫镇东兴村：应安置搬迁户66户134人（含同步搬迁1人），已于5月9日摇号分房。截至目前，已全部领取住房钥匙，正在陆续搬迁入住。

④李达窑乡李达窑村：应安置搬迁户28户49人，截至目前，已

全部领取住房钥匙，其中15户27人已搬迁入住，其他户正在陆续搬迁入住。

⑤李达窑乡大坡村：应安置搬迁户17户28人，已于5月10日摇号分房。截至目前，已全部领取住房钥匙，正在陆续搬迁入住。

2）集中回购楼:（建档立卡贫困人口675户1569人，同步搬迁人14户50人）入住率100%。

①3人户、4人户、5人及5人以上户：应安置搬迁户192户743人、同步搬迁11户46人，已于3月7日在县职工活动中心进行公开摇号分房。截至目前，已全部领取住房钥匙，正在陆续搬迁入住。

②2人户：应安置搬迁户345户688人、同步搬迁3户4人，已于4月25日在县职工活动中心进行公开摇号分房。截至目前，已全部领取住房钥匙，正在陆续搬迁入住。

③1人户：应安置搬迁户138户138人，采煤沉陷区62套、紫林苑A区2套、紫林苑公寓楼74套，已于5月10日公开摇号分房。截至目前，已全部领取住房钥匙，正在陆续搬迁入住。

3）分散搬迁:（建档立卡贫困人口166户523人）入住率99%。

全县应搬迁166户523人，经移民搬迁户申请、村委会申报、乡镇审核、县房管所出具购买楼房合同、各开发小区出具领钥匙证明，县易地搬迁办进行核准、建档，于2018年1月19日将该笔补助资金全部拨付到对应安置小区内，易地办于1月24日以便函形式通知各乡（镇）尽快督促搬迁户搬迁入住，以便迎接国务院的检查验收工作。截至目前，已有165户521人搬迁入住，剩余1户3人为高家堡乡边家堡村村民边廷千，春节期间，意外将其两个孙子烧成重伤，目前还在积极治疗中，故无钱领取钥匙进行装修。

（3）旧房拆除复垦情况

右玉县易地扶贫搬迁涉及5个整村搬迁的行政村（右卫镇元山村，威远镇张千户岭村、孤山村、孙家湾、牛场坪），其中张千户岭村、元山村已经完成了旧房拆除和土地复垦工作，其他村正在有序推进中。

（4）后续产业扶持情况

① 政府协助安置。由县扶贫局提供易地扶贫搬迁户中18—70周岁非在校生有劳动能力贫困人口的结构信息，县林业局提供护林员就业岗位50个，县市容市貌管理中心提供环卫工就业岗位90个，县住建局协调县城各小区物业提供小区物业相关就业岗位50个，县畜牧兽医中心协调屠宰加工企业为在县城安置的贫困人口提供就业岗位20个，经信局、中小企业服务中心协调山西图远实业有限责任公司为在康平村安置的贫困人口提供就业岗位50个，协调梁威工业园区内农副产品加工企业为在县城安置的贫困人口提供就业岗位20个，共计提供就业岗位280个。县人社局依照以上单位提供的易地扶贫搬迁贫困人口结构信息和就业岗位信息，梳理汇总各乡镇易地扶贫搬迁人数，分解就业岗位，将就业岗位分解情况发放到搬迁户所在乡镇。各乡镇积极主动与贫困户对接，逐门逐户了解搬迁户的就业意愿、年龄结构、文化程度、技术特长等基本信息，按照贫困户搬迁地就近、方便的原则，尽快帮助他们上岗工作，获得稳定性工资收入，确保稳定脱贫。

② 光伏发电安置。光伏发电项目收益全部属于村集体经济收入，村集体通过设置公益岗位（如道路维护员、保洁员、安全巡护员、护林防火员等）、开展公益事业（如村内道路维修、环境卫生整治等）、设立奖励补助（如奖励先进、资助困难）等可调动贫困户积极性的方式，将收益按劳务所得发放到贫困户的手中。

（5）项目资金使用情况

截至 2018 年 6 月底，右玉县支付住房建设费用 12365.15 万元，基础建设费用 116.07 万元，公共服务设施费用 35.29 万元，共计支付 12516.51 万元，支付率 90.42%。2016、2017 年度土地复垦奖补资金 1100 万元，旧房拆除奖补资金 2200 万元。

易地扶贫搬迁新住所

元堡子镇搬迁前后对比

第三节 典型案例

牛心堡村为牛心堡乡政府所在地，位于孙右高速旁、牛心山脚下，距县城10公里，交通便利、风景秀丽，发展生态文化旅游有一定的资源禀赋，是全县近年来打造的美丽乡村之一。全村耕地面积3500亩，建档立卡贫困户32户49人，贫困发生率30%，人均纯收入仅为3270元，村集体经济收入为零。脱贫攻坚工作开展以来，牛心堡村按照县委、县政府关于打赢脱贫攻坚战的安排部署和指导意见，一手抓谋篇布局、一手抓项目落地，全村水、电、路、信、住房等基础设施有了较大改观，教育、医疗、社会救助等公共服务保障水平大力提升，特色产业发展方向明确，截至2017年底，贫困户人均可支配收入达到5967元，集体经济收益6.6万元，31户47人实现脱贫，并且履行了贫困村退出程序。

全面加快基础设施建设。“垃圾靠风刮、污水靠蒸发、晴天一身土、雨天一身泥”，是牛心堡村过去的真实写照，也是制约该村发展的瓶颈和短板。精准扶贫工作开展以来，村“两委”班子和派驻的“三支队伍”坚持把加快基础设施建设作为改善贫困群众生产生活条件的重中之重，累计投入资金200万元，启动实施了村容村貌整治攻坚行动和水、电、路、信、房等基础设施建设，以及医疗、养老等公共服务配套提升工程，先后拆除残垣断壁8处、新砌花栏墙1800平方米、维修院墙1200平方米、抹墙6500平方米、新砌垃圾池6个、维修人行道花砖900平方米、平整场地950平方米、硬化街巷300米、安装路侧石230平方米、平整村级活动场地500平方米；环村补植1米樟子松5000株，栽植卫矛球4200株、丁香4100株、粉刷墙体立面和林木100000平方米；实施完成了安全饮水提升工程，在村的89户全部实现了自来水入户；实施危房改造9户22间房；建设垃圾集中存放点3处，并配置了垃圾清运车1辆和保洁员3名；完善了老年日间照料中心配套功能，配备了厨房、卫生间、洗澡间，使老年人的生活有了新的变化；新建了红白宴会场地1处，2017年在贫困村退出验收中，牛心堡村率先达到右玉县规定的“五有、三无、一通、一统”（即有院墙、有大门、有家具、有电视、有院中路，无危房、无“三堆”、无破房弃院，户户通水泥路，村内树木和墙体统一粉刷）的标准。牛心堡村在短时间内发生的巨大变化，令回家过年的外出人口大吃一惊，大家不约而同地说：“咱们村怎么变得这么好？像个花园！”

大力推动乡村生态旅游发展。牛心堡村历史文化底蕴厚重、自然环境条件良好，发展乡村旅游既优势突出，又顺应县委、县政府提出的脱贫攻坚和旅游兴县两大战略部署要求。在县乡两级的大力支持下，累计投入资金1300万元，栽植180亩杏树、新建20座大棚、新建100亩生态观光园；开挖鱼塘3个形成水面2万平方米，养殖鲤鱼、鲫鱼、鲢鱼2万多尾；村南的牛心山景区完成了山顶古建、盘山道路、景区绿化、戏台山门、山下停车场、服务区、游泳池、管理处修建，目前牛心堡村已成为全县乡村旅游的样板村。为进一步延伸景点景区产业链条，牛心堡村成规模种植油菜花、胡麻等彩色作物1560亩，每年增收达47万元，同时吸引大量游客观光拍照。村“两委”积极推进乡村旅游和脱贫攻坚融合发展，鼓励扶持有劳动能力的贫困户参与乡村旅游实现增收致富。目前，直接从事旅游服务的贫困户近20户，户均年收入达到2万元，其中，开办农家乐5户，年接待游客达到1000人次，年实现收入12多万元；从事民俗纪念品制作、销售的10户，年实现实收20万元；景区开办小吃的5户，年实现收入10万元。在乡党委、乡政府的大力支持下，牛心堡村连续举办了三届牛心堡文化节，节庆期间平均每天吸引3万多人来此休闲观光，进一步提升乡村旅游影响力；同时，引进1家投资1500多万元的海荣大农园，建成了集吃、住、行、游、购、娱等为一体的农家庄园，雇用 6 名建档立卡贫困人口长期在园区管护，人均年收入超过 1 万元。

第四节　生态扶贫经验总结

一、政策支持

右玉县委、县政府坚持绿色发展理念，持续厚植生态优势，在县第十四次党代会上提出了“提升绿水青山品质、共享金山银山成果”的工作主题，大力推进脱贫攻坚战略。在生态建设过程中，坚持政策和资金向贫困地区和贫困人口倾斜，将贫困地区的生态治理作为重点，大力实施荒山造林、退耕还林、绿化“三个一工程”等生态治理项目，不断改善贫困地区的生态环境。鼓励贫困人口组建绿化造林、水利基建等专业合作社，并在政府招投标中给予优先中标的政策优惠，促进贫困人口就业增收。还制定有针对性的《林业生态扶贫攻坚实施方案》《生态扶贫攻坚造林绿化建设项目议标办法》《扶贫攻坚造林专业合作社管理办法》《生态护林员选聘办法》《右玉县资产收益扶贫试点工作实施方案》等生态扶贫文件，指导生态扶贫工作。

二、社会积极参与

生态是右玉的灵魂，绿色是右玉的本色。右玉人民近 70 年坚持不懈造林治沙，坚韧不拔改善生态，如今全县有林面积达 170 万亩，林木绿化率达到 55%，但护林员的数量远远不能满足林木养护的需求。根据县情实际，国家能源集团把右玉扶贫工作的重点放在了实施绿色生态保护扶贫项目上。2016 年 9 月专门设立了支持该县生态文明建设的“右玉县绿色生态保护扶贫基金"。具体来讲就是国家能源集团从全县建档立卡的贫困户中先后选聘 184 名贫困护林员，对该县 11 处绿色生态重点保护区共计 26 万亩生态林进行管护。各管护区配备管护站长。护林员均经过业务培训并签订护林协议，县林业局组建森林资源保护巡查队，对护林员进行监管考核，严格奖惩。护林员费用经挂职副县长和县分管扶贫副县长共同签字确认后，按月将管护费从扶贫基金专用账户直接打入护林员个人账户，人均收入超过 800 元 / 月。

该项目实施以来，管护区内未出现森林火灾和盗伐现象，牲畜啃食情况明显改善，林区生态保护和防火成效显著。护林员通过参与生态文明建设、保护绿色家园工作，不但提高了经济收入，环保意识和劳动致富意愿也不断增强，精准扶贫功效不断放大。自 2016 年 10 月开展以来，共发放护林员管护费 221.5 万元。此外，在新城镇和县林业局的大力支持配合下，国家能源集团利用绿色生态保护扶贫基金 142.7 万元，支援定点扶贫村——七里铺村种植了扶贫经济林约 210 亩，修建村内混凝土道路 2.36 公里，为七里铺村打造"美丽乡村"、壮大集体经济提供了有力支撑。

三、注重改革创新

在推进生态脱贫攻坚中，坚持因地制宜，强化改革创新，重点围绕拓展扶贫路径，积极推行资产收益扶贫、中药材扶贫、生态补偿扶贫、旅游扶贫等做法，特别是以建设右玉生态文化旅游开发区为平台，着力构建绿色产业体系，变生态资本为经济资本，化生态优势为经济优势，努力走出一条贫困落后地区通过绿色发展实现脱贫致富的新路。

第五节　生态扶贫成效

一、生态扶贫成效

作为全省唯一一家全国第一批国家生态文明建设示范县和“绿水青山就是金山银山”实践创新基地，右玉大力践行习近平总书记“两山”理论，全面落实省委、省政府“在一个战场打赢脱贫攻坚和生态治理两场战役”的部署要求，通过实施“四个一批”生态脱贫工程，努力将建设绿水青山的过程变成群众增收致富的过程，全力打造践行习近平总书记“两山”理论的样板区和推进绿色发展的先行区。

右玉县通过生态补偿脱贫 1061 人，其中安置护林员 473 人、扶贫造林合作社用工 323 人、沙棘林带动 216 人、新一轮退耕还林补助 49 人；通过易地移民搬迁，易地搬迁 1199 户 3035 人（含同步搬迁 51 人）；危房改造 2458 户。

二、易地搬迁绩效

1. 社会影响分析

（1）对所在地区农民生活水平和生活质量的影响

通过本项目的建设，有利于解决贫困农民的住房和出行问题，缓解社会矛盾，改善农村人居环境，是全面建成小康社会的基本要求，是统筹城乡发展的有效途径。该项目的建设能够改善农村居民的住宿条件，改善连片特困区居住危房的社会现状，有利于提高该地区居民的生活水平和生活质量。

（2）对所在地区政府的影响

该项目的建设，还涉及地方政府的利益，项目的建设能优化城镇功能布局、促进地方经济的发展和加快城镇化建设步伐,得到政府的积极支持。

2. 经济效益分析

(1)提高了贫困户经济效益

项目实施后,农村人口向城镇周围集聚,促进周围经济的发展,解决一部分闲置劳动力的就业问题,相对提高了他们的经济收入,同时也有利于解决住房问题的经济效益和社会效益。

(2)对当地基础设施、社会服务容量的影响

项目所在地的供水、供电、供热等基础配套设施较好,可保障项目运营所需,项目实施不会给当地基础服务容量形成超负荷的压力。

第六节　生态扶贫方面存在的问题与改进措施

一、存在的问题

右玉县生态扶贫作为全县扶贫一项重要举措,成效显著,带动右玉县成功脱贫。但是从长远看,还存在一些问题,主要表现在:

1. 生态公益基金是否具有长期性

目前有国家能源集团等设立生态绿色生态保护扶贫基金,短期内对带动部分贫困人口就业、提高收入起到很大作用。该机制能否长期坚持,需要地方政府和企业建立长期合作机制。

2. 生态旅游宣传不够

右玉县生态建设具有示范作用,通过习近平总书记的右玉精神总结和《右玉和她的县委书记们》电视剧热播,使人们对右玉有了深刻认识。目前的右玉是4A旅游县,有着丰富的生态景观和右玉精神红色旅游优势,

但是目前在国家媒体上、大中城市内宣传不够，尚未吸引更多的游客。

3. 生态扶贫措施深度和多样性不足

右玉县目前生态扶贫基于林业、种植业和旅游业开展，取得一定成效。但是种类较少，惠及人口相对有限。应该结合生态特色在广度和深度上进一步发展生态扶贫措施。

4. 绿色发展基础还不牢固

右玉县践行习近平总书记“两山”理论刚刚起步，生态优势还没有完全释放，以生态文化旅游为主导的绿色产业体系还不完善，还没有形成真正有市场竞争力和影响力的旅游产品。

二、改进措施

1. 实施“生态 + 农业”，培育循环农业

典型的模式有种养加功能模式（猪 – 沼 – 果模式），立体复合循环模式（鱼 – 桑 – 鸡模式），以秸秆、林木为纽带的循环模式（秸秆 – 基料 – 食用菌）等。循环农业是对传统农业的革命，既能获得综合经济效益，又能较大程度地减轻农业源污染，是环境友好型的高效农业。培育循环农业，关键是整合各类支农惠农政策，形成政策合力，加以扶持引导。建议右玉县在发展生态种植业、养殖业的过程中，综合考虑循环农业、林下经济、大棚经济。

2. 实施“生态 + 工业”，培育循环工业体系

形成资源—产品—废弃物—资源的闭合循环，实现资源利用减量化、再利用、再循环。要运用财政补贴、税收优惠、绿色贷款等激励政策，推动循环链条上下游企业间结合，形成循环工业战略合作共同体。鼓励企业进行清洁生产技术创新，延伸循环链。

3. 实施“生态 + 服务业”，培育生态服务业

包括生态旅游业、现代物流业等。利用本地区的生态资源大力发展生态旅游业，使之成为经济发展和扶贫脱贫的重要抓手。要科学合理开发生态旅游资源，恢复生态系统的自我调节能力。生态旅游景区要根据本地旅游资源的特点进行准确定位，与其他景区错位发展，避免同质竞争。

4. 实施“企业 + 贫困户”的模式

继续深化企业在脱贫中的作用，招聘贫困户入厂工作，为其提供就业机会；培训具有一定能力和素质的贫困户，并为其提供设备，让其参与产业链分工，生产零配件，为核心企业提供配套生产服务，从而带动其脱贫致富。

第七节　未来规划

为了巩固脱贫成果，右玉县制定了《右玉县巩固提升脱贫成效三年规划（2018—2020）》，坚持重视不减、投入不减、力度不减，按照“四个不摘”要求，研究制定脱贫成效巩固提升三年规划，继续落实好专项、行业、社会扶贫相关政策，对脱贫户、脱贫村进行重点跟踪帮扶，多措并举提升脱贫村综合实力和脱贫户收入水平。在生态扶贫方面做如下规划：

一、持续加大植树造林投入力度，深化造林扶贫合作社机制创新

2018—2020 年每年完成造林绿化工程 8 万亩以上，力争到“十三五”末实现全域宜林荒山基本绿化。深化造林扶贫合作社机制创新，完善脱贫户参与方式、用工酬劳、收益分配、议标办法等机制，提升脱贫户生态建设的参与度和获得感，切实让生态红利惠及更多农民。加快推进村庄道路绿化、环村绿化、街巷绿化、庭院绿化、校园绿化和公共绿地建设，全面

开展绿色生态村庄建设。

在国家级公益林森林生态效益补偿资金、天然林资源保护工程森林管护资金的基础上，积极争取省级永久性公益林森林生态效益补偿资金。

完善脱贫户参与方式、用工酬劳、收益分配、议标办法等机制，提升脱贫户生态建设的参与度和获得感，切实让生态红利惠及更多农民。加快推进村庄道路绿化、环村绿化、街巷绿化、庭院绿化、校园绿化和公共绿地建设，全面开展绿色生态村庄建设。

二、全面建设美丽乡村，促进生态旅游

右玉县认真做好乡村振兴战略规划编制工作，加快实施《右玉县乡村振兴战略2018年行动计划》。推进生态宜居乡村建设。深入实施农村安居工程和人居环境改善工程，加快推进农村“厕所革命”，不断提升农村居民生活品质。切实改善农村饮水条件，完成129个村的农村饮水安全巩固提升工程。完善农村公路路网，完成农村“四好”公路建设，改建七里铺至胡村、威远村至威坪堡两条乡村道路，发展乡村旅游。统筹考虑农村生态环境、村容村貌、产业发展等，积极推动休闲农业、设施农业、特色农业集群发展，加快布局春赏杏花、夏观油菜花、秋品小杂粮、冬采果蔬的农业采摘和体验项目。规划打造涉及61个村庄的5条环县域田园游精品线路，在长城沿线、主要景区景点沿线规划建设一批边塞风情浓厚的特色民宿、生态庄园、创意农场，重点打造杀虎口、二十五湾、樊家窑等一批特色旅游村庄，扶持兴达种植专业合作社桃花源农庄、杀虎口旅游合作社发展壮大，辐射带动周边具备条件的村庄发展乡村旅游；培育乡村文明新风。注重提升乡村内涵，重视乡规民约建设。大力开展右玉精神乡村弘扬行动。加强乡镇文化站和农村综合文化活动场所建设，建设10个农村文化健身广场、100个数字化农家书屋，丰富群众文化生活。实施移风易俗

行动，开展文明村镇、文明户、文明家庭等群众性精神文明创建活动和评选表彰活动，打造100个文明村、1000个文明示范户。完善乡村治理体系，健全乡村管理、监督、服务体系，深入推进农村村务、政务、财务公开，探索完善自治、法治、德治相结合的农村治理体系建设新模式。

第七章　精准脱贫的民生保障

民生连着民心，民心凝聚民力。作为朔州市唯一的国定贫困县，右玉县坚持把脱贫攻坚作为重大政治任务和首要民生工程，努力抓好保障和改善民生各项工作，层层压实责任，精准有力推进。为打赢脱贫攻坚战，右玉县委、县政府举全县之力，在发展中补齐民生短板、促进社会公平正义，在幼有所育、学有所教、劳有所得、病有所医、老有所养、住有所居、弱有所扶上不断取得新进展，持之以恒把提升保障和改善民生水平放在首要突出位置，坚守民生情怀，扎扎实实为民谋福祉。

第一节　脱贫前的民生保障情况

右玉是山西省国定贫困县之一，地处晋蒙交界、毛乌素沙漠边缘，生态环境十分脆弱；受自然条件制约，右玉县产业结构单一，工业基础落后，除煤炭产业外，其他工业企业规模小、效益差；农业以小杂粮为主，产量不高，无法形成规模效益，农民收入低，这些都是该县贫困落后的主要原因。在民生领域，也存在一些导致贫困的突出问题。

教育和文化基础薄弱，劳动者特别是青年劳动力技术技能不足。由于历史的原因，包括右玉在内的晋北地区教育基础都比较薄弱，学文化学知识的社会氛围不浓厚。虽然已实现了基础教育阶段的全面义务教育，但教育水平仍比较落后，与全县人民对教育的期望和要求仍有不小的差距，以至于出现了严重的择校“潮流”，大部分高中、初中甚至是小学的优质生源外流。很多劳动者除了基本的体力劳动外，缺乏获得较高收入的技能。一部分初高中生只完成了基本的基础教育，不具备从事工业企业、商业服务的技术技能，因而很难适应务工经商的要求，外出务工人员只能在收入较低的行业、企业就业，缺乏技能而难以获得较高收入。

就业创业动力不足，市场经济意识不强。右玉深处晋北，位于我国农耕文化和游牧文化交融或过渡地带，靠天吃饭，日出而作、日落而息的农耕文化根深蒂固。即使在改革开放以后，我国经济体制向市场经济转变过程中，整体上看，当地的市场经济意识还是不强，很多贫困群众存在着“穷自在”“靠着墙根晒太阳，等着别人送小康”的落后观念，外出经商做生意的人不多，年轻人出去打工也是近年来才逐渐增加。这在目前农民收入主要依靠工资性收入的情况下，右玉农民的收入就比较滞后。

卫生事业发展滞后，群众长期缺医少药。新中国成立后在历届县委、县政府带领下，右玉县群众坚持植树造林，走绿色发展的道路，经过70年的艰苦奋斗，右玉生态环境大为改善，有力促进了全县经济社会发展，医疗卫生事业也获得长足进步，但依然存在着低收入家庭因常见病多发病发病率较高而影响群众健康水平，贫困人口因病得不到及时救助而导致病情加重甚至恶化，“看病贵、看病难”等问题让群众普遍“不敢看病”，部分贫困群众更是得了小病苦撑，久而久之拖成大病，因病致贫、因病返贫、贫病相叠问题较为突出。

党的十八大以来，右玉县委、县政府以习近平新时代中国特色社会主义思想为指导，全面贯彻落实党中央关于打赢脱贫攻坚战的决策部署，结合右玉县情，不断完善教育、就业、医疗等民生领域的政策措施，加大财政投入，充分发挥社会政策的托底作用，有效地促进了精准扶贫和精准脱贫。

第二节　积极实施教育扶贫

“百年大计，教育为本”，实施科教兴国战略必须优先发展教育。教育不仅是民族振兴、社会进步的重要基石，对中华民族伟大复兴具有决定性意义，而且是解决贫困地区发展和贫困家庭持久脱贫的最佳方式。“治贫”必先“治愚”，教育是保证贫困人口真正消除贫困的根本手段。

近年来，右玉县为全面提高教育质量和水平、帮助贫困家庭彻底摆脱贫困、解决生源流失问题，县委、县政府将教育事业作为全县民生改善和脱贫攻坚的头等大事，认真学习领会习近平总书记关于扶贫工作的重要论述，切实提高政治站位，认真贯彻落实《山西省教育精准扶贫实施方案（2016—2020 年）》《右玉县 2017 年脱贫攻坚行动计划》和省、市、县脱贫攻坚推进大会精神，充分发挥教育扶贫在推进脱贫攻坚中的基础性、先导性、可持续性、根本性作用，着力抓好各个方面的工作，努力办好每一所学校，以“右玉精神”推动教育事业砥砺前行，促进贫困家庭从根本上脱贫致富。

一、明确思路，制定教育精准扶贫实施方案

在省、市扶贫攻坚会议召开后，县教育科技局先后两次组织专门会议，认真学习贯彻会议精神，2017 年出台了《右玉县教育精准扶贫贫困学生资助实施办法》。根据省、市、县相关会议和文件精神，按照精准识别、精准扶贫资助工作要求，结合右玉县实际，进一步明确了积极发展学前教育、均衡发展义务教育、加快普及高中阶段教育、加大职业教育扶贫力度、大力实施乡村教师支持计划等五个方面的教育扶贫工作时间表和路线图。教育精准扶贫瞄准实现“三个不落”，即“基础建设，不落一校；

困难资助，不落一生；帮扶发展，不落一户”，确保所有建档立卡贫困家庭学生资助全覆盖。

教育扶贫实施方案按照定人定向原则的总体要求，对全县贫困家庭构建到户的精准扶贫工作体系，并形成长效机制。在认真调查测算各学段在校学生情况的基础上，对国家资助政策涵盖之外的其他学生在校消费项目，县财政再筹集部分资金，对建档立卡贫困家庭子女进行资助，努力扩大贫困家庭子女资助比率，基本实现全县建档立卡贫困户子女县级资助全覆盖，确保不让一名学生因家庭贫困而失学，不让一个家庭因子女读书而返贫，努力达到农村贫困人口“两不愁、三保障”要求，为右玉县与全省、全国同步建设小康社会作出应有的贡献。

为贯彻落实国家扶贫办的各项要求，实施方案规定了资助对象及条件，并提出了系统的资助依据和标准：

1. 学前教育资助政策

对建档立卡贫困户接受学前教育的幼儿，每生每年补助生活费1000元。

2. 义务教育资助政策

免除义务教育阶段贫困家庭学生学杂费、教材费，按小学每生每年1000元、初中每生每年1000元的标准，补助义务教育阶段家庭经济困难寄宿生生活费，进城务工贫困家庭义务教育阶段学生享受同等资助政策。在保证落实前述国家规定的“两免一补”政策外，建立和实行右玉县地方政府免除农村义务教育学校学生选修课本费、教辅书本费。建立和实行农村义务教育学生营养改善计划和膳食补助政策长效化、常态化机制。

3. 普通高中教育资助政策

从2018年秋季学期起，以建档立卡贫困家庭普通高中学生为主要对象，实行贫困家庭学生每生每年800元免学杂费补助政策；按照在校学生

15% 的比例，落实每生每年 2000 元国家助学金政策。

4. 中等职业教育资助政策

让未升入普通高中的贫困初中毕业生都能接受中等职业教育，免除建档立卡贫困家庭中职学校学生每生每年 2000 元学杂费，落实一、二年级学生每生每年 2000 元助学金。

5. 高等教育资助政策

一是对当年考入二本 B 类以上普通高等院校的贫困大学生，每生一次性资助 5000 元；二是实施“雨露计划”，对在校高职（高专）、中职（中技）学生每生每年补助 2000 元，念几年补几年；三是提供全日制普通本专科学生每人每年 1000—8000 元、全日制研究生每人每年 1000—12000 元生源地助学贷款；四是资助高校新生入学路费及入学后短期生活费，省内院校录取新生每人资助 500 元，省外院校录取新生每人资助 1000 元。

6. 积极引导社会各界捐资

争取香港嘉里集团郭氏基金会、中国福利彩票公益基金会等知名企业、社会团体和个人对贫困学生的资助，努力实现对家庭贫困学生资助“全覆盖”。

实施方案还要求加强组织领导，强化资金监管，严肃工作纪律以保障政策真正落实，为此市、县均成立教育脱贫攻坚领导小组和工作班子，实行主要领导负总责的教育扶贫工作责任制。建立了右玉县教育扶贫工作台账，将工作任务细化落实到具体科室、具体人员，确保一手抓教育常规工作，一手抓教育扶贫工作，做到两手抓、两不误、两促进。

二、严守政策，全面落实，精准资助

全县贯彻教育扶贫实施方案的指导原则，全面落实各项政策，针对教育不同阶段实施精准资助。

1. 全面落实学前教育资助政策

拨付学前困难幼儿资助金2016年17.08万元、2017年12.88万元、2018年25.53万元，约511名建档立卡贫困户、孤儿、残疾等幼儿享受到学前教育资助；继续加大公办幼儿园改扩建，进一步改善办园条件，2018年共下达学前教育奖补资金152万元，全部用于右玉县公办幼儿园和附属幼儿园改扩建。

2. 全面落实义务教育资助政策

落实义务教育“两免一补”政策，资助义务教育阶段寄宿生生活补助2016年91.06万元、2017年92.01万元。2018年全年共下达城乡义务教育补助经费725.27万元（其中公用经费623.09万元、寄宿生生活费102.18万元），并按公用经费小学600元/生·年、初中800元/生·年，中小学取暖费为105元/生·年，家庭经济困难寄宿生生活补助小学1000元/生·年，初中1250元/生·年（即小学4元/生·天，初中5元/生·天，全年按250天计算），寄宿生公用经费200元/生·年，随班就读残疾学生公用经费6000元/生·年的标准下达义务教育阶段各校并向薄弱校倾斜；县级转移支付84万元，按小学100元/生·年、初中142元/生·年的标准下达义务教育阶段各校并向薄弱校倾斜；校舍维修改造资金260万元，用于义务教育阶段学校维修改造。

3. 全面落实县级扶贫资助政策

落实县级扶贫资金，2016—2017年度免除义务教育阶段农村全部学生、县直学校全部建档立卡贫困生选修教科书和教辅用书12.66万元。2018—2019年度建档立卡贫困幼儿、义务教育阶段学生414名，每人每年资助1000元，免除义务教育阶段农村全部学生、县直学校全部建档立卡贫困生选修教科书和教辅用书5万元；高、职中学校建档立卡贫困生共

127 人，每人每年资助 1500 元。对贫困家庭的大学生给予资助贷款，2017 年完成续贷 989 人，593.4 万元，首贷 670 人，402 万元，让贫困家庭的大学生能圆满完成学业。

4. 大力推进营养改善计划

落实营养餐计划，全年下达农村学生营养膳食补助资金 103.96 万元，用于义务教育阶段寄宿生营养餐；继续实施“学生奶”工程，认真落实义务教育阶段寄宿生每人每天一袋鲜牛奶工作。

三、精准发力，防止因贫失学、因学致贫

为确保贫困家庭学生“有学上”“能上学”，立足“两降低”精准发力，围绕“提高入学率、降低辍学率、降低上学负担”，完善贫困家庭学生资助体系，加快改善贫困地区薄弱学校办学条件，有效防止因贫失学、因学致贫。

1. 加大控流保学力度

从依法控辍、精准控辍等方面制定具体措施，采取签订责任状、划片、驻点、包校等方式，各中心学校、县直教育单位、民办学校积极开展走访劝学活动，根据辍学原因，“一人一案”解决问题，确保辍学学生及时返学。配合香港郭氏基金会右玉项目部对右玉基地的特困生进行实地走访，共走访 196 人。近三年小学六年巩固率、初中三年巩固率均达到了省颁标准。

2. 保障特殊学生入学机会

进城务工人员随迁子女享受本地学生同等待遇。印发《右玉县特殊教育提升计划实施方案》，使适龄残疾儿童、少年能够接受普通教育，对于学习生活需要特别支持的，根据身体状况就近到教育行政部门在一定区域内指定的具备相应资源、条件的普通学校入学接受义务教育；适龄残疾儿

童、少年需要专人护理，不能到学校就读的，教育行政部门统筹安排，通过提供送教上门或者远程教育等方式实施义务教育，并纳入学籍管理。

3. 注重留守儿童教育问题

构建了学校、家庭、社会“三位一体”，“覆盖到边，监护到位，关爱到人”的留守儿童动态关爱网络，对留守儿童做到学习上优先辅导、生活上优先照顾、活动上优先安排。

四、造血攻坚，提升教育扶贫能力

教育扶贫是扶贫攻坚的重要内容，全面提高教育供给质量、推动职业教育既是教育适应社会、提升服务经济社会能力的需要，也是教育精准扶贫的重要举措，有利于引导农村剩余劳动力实现由体力型向技能型转变，通过职业技能培训发动能人、带动穷人，提高贫困家庭“自我造血”能力，从根本上实现脱贫，为农村精准脱贫注入内生动力。

1. 大力发展职业教育

职业教育是国民教育体系和人力资源开发的重要组成部分，肩负着培养多样化人才、传承技术技能、促进就业创业的重要职责，在精准阻断贫困代际传递中，也发挥着极其重要的作用。职业教育对象往往与精准扶贫对象高度契合，承担着绝大部分贫困家庭子女的教育任务，能使贫困家庭学生直接掌握就业本领，是他们“靠得住、读得起、学得好”的教育类型，能有效帮助贫困家庭学生实现高质量就业，摆脱贫困。因此大力发展职业教育是实现精准脱贫的重要途径。

2016年起右玉县教育科技局一方面不断完善教育体系，协调推进职中独立办学，积极发展职业教育，大力培养职业技术人才；另一方面，引导职业中学大胆探索，积极与用人单位合作，提高学校的吸引力和竞争力，并与青岛海湾理工学院实行了联合办学。

右玉县职业教育从2013年开始有了较大突破。2013年职中开始招生，秋季注册一年制学籍39名，基本实现了零的突破。到2014年，学校采取借鸡生蛋的办法，与大同机车高级技工学校实行联合办学的形式，联合招生，共招生130名，其中三年制的54人、一年制的76人。对三年制的学生采取“1+2”的办学模式，第一年在校学习文化课，第二、三年到大同机车高级技工学校主要学习专业课，同时学校负责学生的劳动技术等级鉴定，并推荐就业。另外一个模式就是职高，学生三年后可参加对口升学考试或普通高考。当时开设的专业有：计算机应用、焊接加工、汽车维修、电气自动化设备安装与维修；2018年又新增了机电应用和电子商务两个专业。

自2016年起，学校与青岛海湾理工学院联合办学，送该学院学习的学生共26名，其中初中14人、高中12人。

2. 发挥县级职教中心龙头带动作用

职教中心充分发挥职业学校的技术优势，成立了送农业技术下乡扶贫工作队，分别深入到乡镇，结合农民具体需求有针对性地进行技术培训。这些结合区域特点、针对实际需要广泛开展的、以提高贫困家庭成员职业技能和就业创业能力为核心的精准培训，从根本上增强了贫困人口的“造血功能”和脱贫内生动力。

3. 着重提升教育质量，助力脱贫攻坚

推进教育精准脱贫，是最具有根本性、可持续性的扶贫举措之一，有助于让贫困家庭子女都能接受公平有质量的教育，全面提升劳动者自身综合素质，掌握脱贫致富技能，实现均衡分配教育资源。因此，右玉县始终将优先发展教育作为普惠民生的头等大事来抓，举全县之力办人民满意教育，积极推进教育振兴五年行动计划，加大教育投入力度，探索教学新模式，重树教育行业新风。

近年来，右玉县持续加大教育基础设施建设力度，大力改善义务教育薄弱学校基本办学条件，投资 4000 多万元对全县 15 所薄弱学校进行全面改造，合理配置公共教育资源，以“质量兴学”为中心，高举高中教育龙头，同步推进学前教育、义务教育、职业教育全面协调发展，深入开展“一校一品”建设和特色学校创建活动，经过不懈努力，教育事业发展取得了一些进步，2015 年全县高考本科达线 97 人，实现了四连增。

2016 年是全面建成小康社会决胜阶段的开局之年，右玉县继续大力兴办教育，启动实施《右玉县教育振兴五年行动计划（2016—2020）》，突出高中教育这个重点，聘请了全国知名教育专家、忻州一中原校长冯贵耀担任右玉一中校长，引入名校精细化管理模式和先进教学方法，这在右玉教育史上是首次，当年全县高考二本及以上达线 108 人，高中阶段入学率、义务教育学生巩固率、学前教育毛入园率均达到省市目标，教育事业蓄势待发，也让右玉老百姓看到了希望。

2017 年全面落实教育振兴五年计划，提出“举全县之力，办人民满意教育”的战略决策，为引领带动初中学校管理创新和质量提升，实现优势互补和共同发展。按照《教育振兴五年行动计划》和《关于推进全县义务教育办学模式改革的实施意见》的要求，高初中以集团化办学、一体化管理为基本形式，以右玉一中为核心和龙头，组建了右玉一中、二中、三中“三校一体，集团运行，统一管理，资源共享”的“中学教育集团”，积极推动教育全面改革，不断创新教学方式，合理提高了教育资源使用效率，有效破解了优生外流“择校”难题，整体提升了右玉教育质量。教育事业全面均衡发展，全县 14 所学校全部实现多媒体教学及优质教学资源班班通，得到了学生、家长和社会各界的广泛好评，集团化办学初见成效，办学水平得到明显提升，全县二本 B 类以上达线 154 人，创历史新高。启动《学前教育三年行动计划（2017—2019）》，完成农村幼儿园改造，南街幼儿园和油坊村幼儿园投入使用，实现适龄儿童学前入园率98%，且九年义务教育阶段无因贫辍学学生。

深入推进精准扶贫脱贫工作以来，右玉县多措并举发展教育事业，全力推动义务教育从“基本均衡”向“优质均衡”发展。继续加大教育投入力度，在财政资金投入、公共资源配置中优先满足教育事业，完善教学基础设施，大力推进名师工程，同步改善硬件和软件设施；探索教育新模式，深化教学改革，激发学生学习的主动性和创造性，在自我探索和团结协作中掌握知识新技能；重树教育新风尚，完善教育教学评价体系，规范教师从教行为，严格考务招生管理，全县教风学风得到明显好转。整体教学质量和教育水平获得提升，2018年高考取得新成绩，优生率再创新高，600分以上6人，文史、理工类一本达线人数43人，比2017年增加17人；达线率实现新跨越，在全县高考参考人数减少213人的情况下，文史、理工类二本B类以上达线总人数196人，比2017年（154人）增加42人，增长27.3%，其中右玉一中228班学生胡宇强以653分创造了建校以来的最好成绩；“低进高出”实现新突破，应届生中考成绩500分以下的学生，高考达二本B类以上12人。

第三节 大力促进就业创业

深入认识县情，准确把握穷因，是实施精准扶贫、促进精准脱贫的前提和基础。近年来，在县委、县政府的领导下，右玉县以习近平新时代中国特色社会主义思想为指导，全心全意为人民服务，发扬迎难而上、艰苦奋斗、久久为功、利在长远的“右玉精神”，积极作为，精准发力，大力推进“大众创业、万众创新”活动，促进广大劳动者转变观念积极就业，勇于创业；大力推进技术技能职业培训，努力提高劳动者的技术技能素质，积极造就一批适应右玉发展和外出务工需求的劳动者。

一、全力推进就业扶贫

实现就业就能逐渐脱贫。右玉有关部门贯彻落实促进就业、稳定就业岗位、鼓励劳动者自主创业的各项优惠政策和资金扶持，千方百计促进就业，保持了就业局势的稳定。2015年、2016年、2017年、2018年，城镇新增就业人员分别达到10614人、9403人、9704人、2297人，城镇登记失业率分别为3.01%、3.15%、2.5%、2.28%。

1. 保障高校毕业生就业，特别是加强对困难大学生的就业援助

落实促进高校毕业生就业的各项扶持政策，加大创业培训和小额担保贷款工作力度，鼓励高校毕业生自主创业。采取市场化运作、政府扶持、社会资本参与的方式，加快右玉县大学生创业园区建设，扩大规模，使大学生创业园区真正发挥创业促就业示范带动作用。“十三五”期间，计划完成创业培训750人以上，带动就业800人以上。

2. 保障农民工和农业富余劳动力转移就业

进一步优化返乡农民工和农牧民的创业环境，用足用好县级财政补贴政策，全力支持农牧民创办劳动密集型中小企业、农牧业专业合作社，发展设施农业、畜牧业。2018年，农村劳动力转移就业2249人，全面完成年度工作目标。

3. 保障就业困难人员就业

继续落实就业困难人员社会保险补贴政策，同时将就业援助政策措施向贫困户、农村“低保户家庭”等农村就业困难对象延伸，使城乡就业困难对象都能得到及时援助。在重点帮扶失业人员再就业方面，右玉在保障失业人员基本生活的同时，积极加大转岗培训，帮助失业人员掌握新的就业技能实现再就业，近年来，全部超额完成了城镇失业人员再就业任务。

2016年失业人员实现再就业565人，2017年失业人员实现再就业895人，2018年，根据失业群体的基本情况，开展多样化培训。职业介绍中心共举办失业人员培训98人，其中中式烹饪培训50人、导游培训48人。在重点帮扶零就业家庭方面，右玉人社部门深入基层社区开展地毯式摸底排查，精准掌握"零就业家庭"基本情况、就业困难原因，并登记在册，实行一户一策，精准帮扶，近年来持续实行动态管理，保持了"零就业家庭"持续归零的纪录。"十三五"期间，就业困难人员就业率达到90%以上，"零就业家庭"动态管理继续保持为零。

4. 优先安置精准扶贫户劳动就业

结合实施乡村振兴规划，统筹考虑乡村建设实际需要，开发农村保洁、治安、护路、管水、扶残助残、养老护理等公益性岗位，优先安置农村精准扶贫户劳动力，帮扶他们实现就业脱贫。2016年公益性岗位累计安置965人，2017年累计安置752人。

二、大力推进技能扶贫

本着"立足右玉，为本地经济建设发展服务"的指导思想，围绕本县矿山、物流、种养殖、旅游服务业发展实际需要，做好创业培训工作，促进城乡劳动者就业。通过实施技能脱贫专项行动，对建档立卡农村贫困劳动力实行免费职业培训、全面技能提升培训等措施，使有劳动能力和就业愿望的劳动者都能通过技术技能培训提高劳动技能，增加收入。

1. 扎实开展针对农村贫困人口的职业技能培训

为有效发挥技能培训在精准扶贫中的作用，右玉人社部门按照省、市有关工作要求，制定相关工作方案。2017年，人社部门深入各乡镇、村调查摸底，对全县建档立卡贫困人口中的劳动力进行免费职业培训，培训内容结合当地森林管护、发展电子商务、新能源基地建设等，政府为参加培训的人员补贴培训费用3000元/人，共投入120万元，为这些行业发展培训了400多名专业人员。除了建档立卡贫困人口外，围绕发展乡村旅游、推进种养殖业发展等振兴乡村计划，政府为参加培训人员每人补贴培训经费1000元，培训了500多名农村贫困人员。

2. 大力实施全民技能提升计划

2018年右玉实现精准脱贫后，为了巩固脱贫成果，政府仍坚持积极推进职业培训工作，右玉县人力资源和社会保障局制定了《2018年右玉县全面技能提升工程实施工作方案》和《关于贯彻落实山西省全面技能提升工程实施方案有关问题的通知》，组织实施全民技能提升培训，每人补贴培训经费1500元，进行护林员、电子商务员、太阳能光伏发电员等14种职业技能培训，大力提高职工的技术技能素质。2018年6月，组织实施了全民技能提升工程培训，共培训2114人。

“十三五”期间，右玉将完成未就业高校毕业生SYB创业培训750人，劳动力职业技能培训4000人次，其中农村劳动者、城镇登记失业人员技能培训2000人次。

第四节　努力实施健康扶贫

因病致贫和因病返贫是造成贫困家庭或贫困人口的重要因素。长期以来，右玉卫生事业发展落后，人民群众“看病难、看病贵”问题一直难以解决，健康扶贫成为右玉县脱贫攻坚的一项重点任务。2016年全县在既往扶贫工作基础上，深入开展精准扶贫脱贫工作，通过认真分析致贫原因，在8035户16337名建档立卡贫困人口中，精准识别出因病致贫目标人群6137人，占全县贫困人口的37.6%，分析原因，因地制宜制定多种医疗救助政策和惠民便民措施，多措并举，扎实推进健康扶贫各项工作。

一、健康扶贫的政策设计

右玉县委、县政府深入学习领会习近平总书记关于扶贫工作的重要论述，坚持党的领导，将脱贫攻坚工作作为新时代坚持党的群众路线的一次伟大实践，认真贯彻落实各项扶贫政策，深刻认识到疾病是导致贫困的最普遍原因，以“两不愁、三保障”为目标，将健康扶贫工作作为第一民生工程来抓，并与全县整体脱贫攻坚工作“同安排、同部署、同落实、同考核”，重点解决因病致贫、因病返贫、“看病贵、看病难”、群众“不敢看病”等突出问题，强化组织领导，创新工作举措，以健康扶贫三大举措为核心，严格落实各项保障措施，有序推进健康扶贫各项工作。

通过全面推行健康扶贫三大举措，即对贫困人口实施“先诊疗、后付费”的“一站式”结算、家庭医生“双签约”服务和“三保险、三救助”，从根本上解决因病致贫问题。

围绕健康扶贫三大举措，创新机制体制。一方面，加强组织领导，完善制度保障，健全工作机制，实行分管扶贫负责人和分管行业负责人的“双组长”领导机制，切实将扶贫责任层层落实，以确保健康扶贫专项行动的高效实施；另一方面，从县乡卫生机构一体化改革入手，深化公立医院改革，组建右玉县医疗集团，推进医联体建设，通过对卫生资源的一体化管理，实现三级联动、优势互补、统筹兼顾、资源下沉，以解决群众“看病贵、看病难”问题，提高医疗服务质量，提升群众看病就医的获得感。

与此同时，大力加强基础设施建设，提升村卫生室达标率，实现基本公共医疗卫生服务基本全覆盖；以传染病的预防控制为重点，加强环境卫生整治，改善全县卫生面貌，全面提升公共卫生服务能力和水平；加强政策宣讲，通过多种方式的宣传讲解，确保贫困人口充分知晓健康扶贫各项优惠政策，解决群众“不敢看病”的问题，避免因小病拖成重病而危及健康或因病返贫;积极开展巡回义诊、送医送药下乡等活动,让村民在家门口就能看病,满足偏远和行动不便群众的就医需求,实实在在地为群众提供贴心服务。

右玉县委、县政府秉承“右玉精神”,全心全意为人民服务,坚持“三位一体”,落实“四个切实”,通过加强组织领导、责任到人、推行多种惠民便民救助措施、严格落实资金保障、定期督导考核,保障了健康扶贫专项工作的全面深入开展,帮助右玉县成功脱贫摘帽。

二、主要做法

1.“双组长”领导机制压实责任

在脱贫攻坚战中,右玉县委、县政府在省委、省政府和市委、市政府及上级卫计部门的正确领导与大力支持下,始终高度重视健康扶贫工作,为加强对健康扶贫工作的组织领导,成立了由县委书记、县长共同担任组长的脱贫攻坚领导小组,实行分管扶贫负责人和分管行业负责人“双组长”领导机制。在此基础上,又专门成立了以县卫计局牵头的健康扶贫专项行动领导小组,负责统筹协调和综合管理健康扶贫相关工作,及时妥善处理帮扶工作中出现的新情况、新问题。同时要求各相关单位严格执行健康扶贫专项行动一把手负责制,切实将健康扶贫工作作为重大政治任务、第一民生工程列入重要日程,层层压实责任,一级对一级负责,确保了健康扶贫专项行动的高效实施。

2. 周详的工作方案保落实

为确保健康扶贫工作部署落实到位、各项工作顺利推进,县政府、县卫计局多次召开相关工作部署会和推进会,及时传达上级文件和相关会议精神。2016 年制定《右玉县健康扶贫行动方案》,以“精准识别、精准帮扶、精准管理、精准考核”为基本原则,制定了精准认定救助保障对象、精准推进医疗保障扶贫项目建设、精准推进公共卫生扶贫项目建设、精准推进卫生体系扶贫项目建设、精准推进卫生人才队伍扶贫项目建设5大工作任务，并具体分解出医疗保障扶贫对象、对象认定、对象管理、建设医疗扶贫“绿色通道”、提高新农合保障水平、推进医保支付方式改革、提供基本公共卫生服务、提供妇幼卫生健康服务、实施重大传染病地方病慢性病防治、普及健康知识宣传、开展护工培训就业计划、着力推进乡村卫生机构达标建设、着力推进县级医院建设、着力引导卫生人才扶助基层、大力充实基层队伍、大力强化人才培养16项工作内容，通过再安排、再细化，进一步明确了健康扶贫各项工作程序，完善工作机制，并配套出台了《右玉县贫困患者县域内“先诊疗、后付费”工作实施方案》《右玉县农村贫困人口大病专项救治工作方案》《右玉县开展健康扶贫“双签约”活动实施方案》《右玉县人民政府办公室关于城乡居民住院报销“一站式”服务的通知》《右玉县农村建档立卡贫困人口医疗保障帮扶方案》等文件，确保了各项工作的顺利推进。

3. 三大救助举措保实效

右玉县结合县域实际，创新工作举措，为根本解决因病致贫、因病返贫，破解群众“看病难、看病贵”等问题，制定并实施健康扶贫三大举措。

（1）“先诊疗、后付费”和“一站式”结算。为解决群众“看病难”问题，右玉县积极推行便民措施，2014年开始启动实施“先住院后付费”的诊疗模式改革，并在县、乡两级新农合定点医院全部开展。随着精准扶贫工作的不断深入，建立医疗救助“绿色通道”，严格落实“先诊疗、后付费”政策和贫困人口住院“一站式”结算，并逐步加大优惠力度，扩大优惠范围。2016年10月起，贫困人口到县级医院就诊免除挂号费（乡镇卫生院一直不收取挂号费）。2017年9月，县脱贫办和县卫计局联合印制“右玉县健康扶贫医疗服务证”，全部下发到因病致贫目标人群，贫困人口凭“右玉县健康扶贫医疗服务证”到县级医院可享受“先诊疗、后付费”政策，在办理入院手续，签订“先诊疗、后付费”协议后，无须交纳住院押金，直接住院治疗。2017 年 12 月 1 日起所有城乡居民在县域内住院治疗，出院时可一次性将基本医疗保险、大病保险和民政救助进行“一站式”结算，所有建档立卡贫困人口在县域内住院治疗，出院时 100% 报销。截至 2018 年 9 月底，县人民医院已“一站式”结算 1547 人、564.53 万元。

（2）健康扶贫“双签约”服务。以家庭医生签约服务为基础，开展健康扶贫“双签约”活动，通过服务、管理两手抓，全面保障了健康扶贫工作的有效推进。为落实省政府关于建档立卡农村贫困人口健康扶贫“双签约”服务工作部署，右玉县制定《关于推进家庭医生签约服务的实施意见》和《右玉县家庭签约服务“六个一”活动方案》，并专门召开健康扶贫“双签约”工作动员部署会，提高工作标准，压实工作责任，要求全县建档立卡贫困人口健康扶贫“双签约”服务全覆盖。本着主动靠前服务的原则，实行乡镇干部、村干部、第一书记和县、乡、村三级医生的“五位一体”包干责任制，以及管理指导单位、乡镇卫生院、乡镇政府、村委会的双重服务模式，充分发挥乡村医生和乡村干部对建档立卡贫困居民的健康“守门人”“领路人”作用，切实打通了贫困群众健康扶贫服务的“最后一公里”。

家庭医生签约实行团队服务和“1+1”的组合签约服务模式，居民或家庭在与家庭医生团队签约的同时，可自愿选择一所二级医院，在组合之内可根据需求自行选择就医机构，在组合之外就诊则通过家庭医生转诊，实现了基层首诊，并加强了医院与基层医疗卫生机构的对接，对需治疗的医疗保障扶贫对象中的大病患者，在医疗联合体内进行上下转诊，实行分类救治，促进了基本医疗卫生服务均等化。截至 2018 年 9 月底，县医疗集团共组织349名医务人员，成立15个以县级专家、全科医生和乡村医生为主的县域三级家庭医生服务团队，与全县8035户16337名建档立卡贫困人口、6137名因病致贫目标人群签订了“双签约”服务协议，签约率100%，慢病签约2989人，签约率100%，免费为他们提供健康体检、用药指导、慢病管理、随访服务以及预约诊疗和双向转诊等健康服务，全周期全方位地保障了贫困人口的身体健康。

开展健康扶贫“双签约”活动现场

针对家庭医生签约服务工作，为提高签约服务水平和覆盖面，促进基层首诊、双向转诊和分级诊疗，又结合县域实际制定《右玉县家庭医生签约服务工作督导方案》，对家庭医生签约工作实行分级督导，对签约服务的实施情况、实施效果、工作管理情况等进行考核。县里每季度考核一次，督导范围覆盖辖区所有开展签约服务的机构；乡镇卫生院每月对辖区村卫生室考核一次。考核采取召开座谈会、查看资料、现场查看、个别访谈、填写调查问卷等方式进行，通过督导切实促进“双签约”工作的开展。

（3）“三保险、三救助”政策。为切实解决深度贫困人口的支出型贫困问题，落实建档立卡贫困人口医疗保障“一站式”帮扶制度，紧密结合“三个一批”行动计划，制定《右玉县农村建档立卡贫困人口医疗保障帮扶方案》，从2017年7月1日起，对全县农村贫困人口，通过政府支持，县人社、财政、民政、卫计、扶贫办、残联组织等多个部门分工协作，委托商业保险机构经办，实现“医保”撬动“商保”，实施“三保险、三救助”，即基本医疗保险、大病保险、补充医疗保险和参保缴费救助、救助器具免费适配救助、特殊困难帮扶救助六项措施，基本解决农村建档立卡贫困人口的支出型因病致贫问题。

具体措施：

① 个人缴费全额救助

全县农村贫困人口执行城乡居民基本医疗保险缴费标准，个人缴费部分由财政部门给予全额救助。2018年参加医疗保险人员个人缴费额是180元/年·人，县财政承担30%，省财政承担70%，2018年县财政共为全县16337名贫困人口缴纳医保费用107.41万元。个人缴费全额免除大大激发了贫困居民参加医疗保障的积极性，全县贫困人口没有一人因为交不起费被挡在医疗保障门外。2018年，右玉应参加城乡居民医疗保险人数为82812人，实际参保人数也为82812人，实现了城乡居民全民参保。其中，建档立卡贫困户应参保16603人，实际参保16603人，参保率达到100%。

专栏：民政救济救助政策资助贫困户参加城乡居民基本医疗保险

2016年，民政救济救助为全县农村低保户、五保户、孤儿、重点优抚对象等弱势群体，缴纳新型农村合作医疗资金110.4多万元。2017年，缴纳的资金增加到120.4万元。贫困居民因病住院时，通过四个渠道实现全额救助。从2017年7月1日起，对农村建档立卡贫困人口，通过基本医疗保险、大病保险、补充医疗保险、民政救助四条渠道的报销和救助，全额解决贫困人口因病住院发生的费用。

② 住院医保目录内费用实行兜底保障

按照城乡居民基本医疗保险和大病保险报销政策，两项保险报销75%；实施“136”医疗救助工程；个人自付封顶额之上的费用全部由医保基金报销。

住院医保目录外费用原则上报销100%。严格控制医保目录外费用占总费用的比例，其中县级医疗机构目录外费用占比不超过15%，市级不超过20%，省级不超过30%，凡超出控制比例的费用均由医疗机构承担；目录外控制比例范围内的费用，由补充医疗保险按85%的比例给予报销，其余由个人承担；省外医疗机构的住院费用，按照城乡居民医疗保险统一待遇标准执行。

从2017年7月1日到年底，右玉建档立卡贫困人口住院人数为207人次，在全部发生的费用中，基本医疗保险报销205.79万元，大病保险报销12.04万元，补充医疗保险报销17.46万元，民政医疗救助12.63万元。

专栏：关于补充医疗保险

按照《中共中央　国务院关于打赢脱贫攻坚战的决定》(中发〔2015〕34号)及省、市文件要求，右玉对全县建档立卡贫困户建立了补充医疗保险。承保单位是中国人寿保险公司右玉子公司，保险费收费标准是每人68元(其中意外险50元，大病险18元)。2017年，由县民政局代办，已为全县建档立卡贫困户16603人缴纳保险资金112.9万元。这对右玉贫困人口抵御大病重病、意外事故风险，防止因病致贫起到了积极作用。

专栏：“136”医疗救助工程

为解决建档立卡贫困户就医免费目标，右玉县按照上级文件要求，建立了民政部门牵头实施的“136”医疗救助工程。这项工程是对建档立卡贫困户，在县级医院看病个人承担部分不超过1000元，市级医院看病个人承担部分不超过3000元，省级医院不超过6000元。这项工程的实施，大大缓解了建档立卡贫困户的就医负担，为防止因病致贫再上了一道保险锁。

专栏：案例

张二娃，女，72岁，右玉县牛心镇欧村建档立卡贫困人员，2018年5月31日至7月2日，因肺炎在大同第五人民医院住院治疗。住院总费用26148.47元，其中，基本医疗保险报销16741.70元，大病保险报销452.84元，补充医疗险报销3826.21元，民政医疗救助3000元，剩余的2127.72元医保目录内费用仍由基本医疗保险兜底报销。

---

③ 提高门诊慢性病待遇水平

对患有35种特殊慢性病的农村贫困人口，门诊医保目录内的费用按病种支付限额100%报销；对未纳入35种特殊慢性病的其他门诊慢性病，按市级相关规定目录内100%报销。

④ 实施特殊救助制度

属省定24类重特大疾病晚期患者，给予每人一次性5000元大病关怀救助；有基本辅助器具需求的持证贫困残疾人，两年内免费适配全覆盖；少数农村特殊贫困人口在个人自付费用方面存在的特殊困难，可通过民政部门医疗救助帮助解决；经办机构、医疗机构遇到的特殊问题，由区政府帮助解决。

这些健康扶贫救助措施的实施，让建档立卡贫困人口的大病救治，不再受国家规定的9种重大疾病和山西省规定的24种重大疾病限制，可在定点医院内100%免费就诊。全县建档立卡贫困户的基本医疗保险费用全部由政府缴纳，截至2018年6月底，全县基本医保报销累计645人次、600.32万元（医保中心）；大病保险救助79人次、32.21万元，补充医疗保险救助1281人次、126.91万元（保险公司）；大病关怀救助974人次、402.7万元（民政）；残疾人辅助器具共发放160件（残联）。大病救治率100%，救治进度100%，慢病签约2989人，签约率100%。

4. 医改促提升，保持健康扶贫内在动力

县委、县政府始终高度重视医疗卫生工作，积极承担医改责任，把深化医药卫生体制改革作为重大民生工程和德政工程纳入重要议程，紧紧围绕“保基本、强基层、建机制”，加强组织领导，落实制度措施，大胆实践，不断创新。特别是2015年以来，按照上级部署，牢牢抓住县级公立医院改革主线，狠抓基础设施建设，不断拓展医改范围，医改进程持续向纵深推进。县级公立医院改革稳步推进，县乡医疗卫生机构一体化改革也取得关键性进展，全县医疗卫生服务水平获得较大提升，为健康扶贫提供了内在动力。

（1）加强基础建设，保证公立医疗机构公益性。县里专门成立医改领导小组，组建公立医院管理委员会，组织发改、财政、人社、卫生等部门，多次召开专题会议和县委常委会、政府常务会，对医改具体事宜进行研究部署，制定《右玉县县级公立医院综合改革实施方案》《右玉县县级公立医院综合改革财政补偿办法》《右玉县县级公立医院人事制度改革方案》等主体改革方案和配套实施意见，明确了政府主体责任，加大财政投入，减轻医院负担，不断健全符合公益性方向的高效运行机制。

把县级公立医院、乡镇卫生院全部确定为全额事业单位，有力确保了政府举办的医疗卫生机构的公益性。乡镇卫生院、县人民医院和县中医院的医务人员工资津贴等费用全部纳入财政预算，并实行全额拨款，退休人员补助财政全额负担。加大对医疗卫生事业的投入，2018 年县财政预算医疗卫生事业经费 4881 万元，较 2017 年增加 447 万元。

加大医疗基础设施建设力度。近三年县财政补助县人民医院 600 多万元，配套完善了图书馆、远程医疗系统、污水处理管道、消防监控系统等，购置了全自动麻醉机、全自动生化分析仪、腹腔镜、心电图机、脑电图机等诊疗设备。提升村卫生室达标率，全县 288 个行政村建有村卫生室 254 个，其余 11 个行政村为乡镇卫生院和分院所在地，不需要再建卫生室，另外 23 个行政村常住人口均在 50 人以下，采取“邻村共用”形式，由邻近村卫生室承担其基本医疗卫生服务，现已建有的村卫生室业务用房面积均在 40 平方米以上，全县累计投资 1080 多万元用于贫困村卫生室建设，其中村卫生室基础设施建设 580 万元。此外县财政投入 496 万元，为所有村卫生室配备了基本诊疗设备。

积极支持县中医院建设。将县中医院定为中医适宜技术推广中心，负责全县中医适宜技术推广培训工作。2018 年 5 月上旬，县中医院举办中医适宜技术培训班，对 55 名基层医疗机构的中医骨干进行了业务培训。同时加大对基层中医药的投入，为乡镇卫生院购置了中药柜、火罐、针灸大包、中医急救箱等诊疗设备，完成 1 所中医特色乡镇卫生院创建验收工作。全县 10 所乡镇卫生院全部能够开展中医服务工作，7 所乡镇卫生院荣获中医特色乡镇卫生院。

（2）深化改革，扩大政策普惠覆盖面。破除“以药补医”机制。县乡村三级医疗机构全部实行药品零差价销售，医疗机构因药品零差价减少的收入由县财政全额补助。出台《右玉县公立医院改革价格调整方案》，在确保医院合理收入不减少的前提下，下调部分诊疗科目价格，降低次均费用。2018 年 1—9 月，县级医院零差价销售药品 1221 万元（预计全年 1600 万元），预计减少收入约为 240 万元，县财政预算的药品零差价补助 158 万元已全部到位。

稳步实施公立医院管理体制和人事制度改革。实行县级医院法人治理结构，科学确定人员编制，县人民医院根据编制明确岗位职责，确保了专业技术人员不低于编制总数的 85%。出台《右玉县县级公立医院人事制度改革意见》，建立“能进能出、能上能下”的用人机制和双考核制度。制定《右玉县县级公立医院绩效考核办法》《右玉县开展县乡医疗卫生机构一体化改革核定绩效工资总量、建立医疗集团薪酬制度的实施方案》，完善以服务质量为核心、以岗位责任与绩效为基础的考核奖励制度和绩效工作制度，对各医疗卫生机构实行“双考核双挂钩”，确保了医务人员绩效工资总量达到同类事业单位绩效工资总量的 5 倍以内。

全面推进分级诊疗工作。根据实际诊疗能力，对 118 个病种实行分级诊疗。通过分级诊疗，进一步完善基层首诊、双向转诊制度，有效降低了县外就诊比例。2018 年上半年，县外就诊率较去年同期下降 7.3 个百分点，截至 10 月底，县级医院出院病人 4143 人，县外转诊 339 人，转诊率 8.18%，县级医院下转病人 46 人，县域住院率 90% 以上。出台临床路径病种管理指南，对 8 个专业 40 个病种实行临床路径管理。开展单病种付费改革，实行 101 个单病种收费，2017 年单病种住院 269 人次、住院费用 54.7 万元，2018 年 1—9 月单病种住院 164 人次、住院费用 26.69 万元，人均门急诊费用下降 4.74%，人均住院费用下降 9.6%，药品次均费用较改革前平均下降 15.7%。

实行医保总额打包付费制度改革。县医保中心与县医疗集团签订了城乡居民医保《总额预算打包付费协议书》，按照总额预算、按月预拨、年终结算的原则，将核定的医保基金（参照前三年的平均值，在 2017 年的基础上上浮 10%）测算总额预付资金 1063.4 万元，从 8 月 1 日起按月统一打包拨付给医疗集团统筹使用，乡镇卫生院的日常医疗服务费用到县医疗集团实报实销。

（3）卫生资源一体化管理，提高医疗服务质量。持续推进县乡医疗卫生机构一体化改革。出台《右玉县县乡医疗机构一体化改革制度意见》和《关于组建右玉县医疗集团的实施方案》，按照“县乡一体、资源共享、协同发展、三医联动、健康右玉”的总体思想，坚持“保基本、强基层、建机制”，坚持问题导向、因地制宜，整合县域医疗卫生资源。2017 年 10 月组建右玉县医疗集团，由县人民医院和 11 所乡镇卫生院整合组成，为独立法人机构，打破体制藩篱，在县人民医院原有科室基础上，组建了医疗集团医学检验、放射影像、心电、远程会诊等七大业务中心和人力资源、财务管理、医保管理、质量控制管理、公共卫生管理、药械采购、综合管理七大管理中心，制定完善行政党务、人事管理、财产财务等管理方案，实行人、财、物一体化管理，医疗集团运行机制进一步完善。在此基础上进一步强化乡村医疗卫生一体化管理，对288个村卫生室和乡镇卫生院全部实行一体化管理，使乡村一体化管理率达100%。统筹乡村卫生资源，加强乡村两级医务人员管理，出台《加强乡村两级医疗机构日常管理工作的通知》《村卫生室村医绩效考核细则》《乡镇卫生院人员绩效工资实施方案》等。加大卫技人员培训培养力度，县卫计局每年开展基层医务人员培训工作，2018年培训乡医、村医320人次。

积极推进医联体建设。2018年县医疗集团在与山大一院、同煤集团总医院、省心血管病医院等省内三甲医院建立医疗联合体的基础上，又与北京医院、中日友好医院等北京三甲医院达成了长期对口帮扶合作关系，定期派驻专家到县级医院坐诊，开通了与各大医院的远程医疗会诊，帮助诊治疑难病症。2018年以来，各大三甲医院已累计派驻专家90余人次，免费培训进修县医院骨干医师8名，通过“帮、扶、带”，提升了县级医院医生对常见病多发病和疑难病症的诊疗能力；县级医院派驻12名骨干医师到4所乡镇卫生院，进行为期1年的对口支援工作，提高了乡村基本医疗服务水平。

开展公立医院内涵建设，提高服务能力和服务质量。县人民医院进一步加强产科、急诊科、心血管科、血液透析等5个重点科室建设，新增设儿科病床；开展“服务好、质量好、医德好、群众满意度高”的“三好一满意活动”；建立完善分级诊疗、双向转诊机制，完善了县域内急救转诊流程，建立双向转诊绿色通道；实行“一站式”医疗服务，简化就医流程，为患者就诊提供了极大便利；对贫困患者实行“先诊疗、后付费”优惠政策，患者住院流程逐步趋于合理，有效降低了县外就诊比例。

5. 卫生宣教、巡回义诊助力推进健康扶贫

为确保贫困人口对健康扶贫各项政策的知晓率，县卫计局和县人社局联合开展政策宣传，对实施健康扶贫、贫困家庭医疗补助、“先诊疗、后付费”、健康扶贫“双签约”等优惠政策进行逐门逐户宣传，印发各类宣传单20000余份，悬挂横幅20多条，进一步提高了群众对健康扶贫各项政策的知晓率。同时，为扎实做好健康扶贫各项工作，县卫计局先后召开三次健康扶贫工作部署和推进会议，以会代训，对300多名基层医务人员和部分村医进行了全面系统培训，进一步提高了基层医务人员的服务能力。

以开展健康义诊活动为契机，推进“大健康”工程。2017年以来，县卫计局积极开展健康扶贫“六个一”活动，认真组织健康教育“六进”活动，倡导健康生活方式，发放健康知识手册60000余册，组织集中宣传活动6次，个体化宣传教育受益人群达5000余人，开展健康大讲堂7场，极大地丰富了群众的健康知识，提高了群众的健康意识。

开展巡回义诊、送医送药下乡活动，极大地方便了偏远地区群众的看病就诊，提升了群众看病就医的获得感。2018年以来，先后组织县医疗集团人民医院、中医院和各乡镇卫生院医务骨干，深入全县75个贫困村，开展一系列义诊和签约活动，义诊服务群众900余人次；5月份，积极配合朔州市18家医院，深入全县重点脱贫村开展了一系列义诊活动，义诊群众2100余人次；6月下旬，县委、县政府与中国医药卫生事业发展基金会达成协议，与解放军总医院、中日友好医院、武警总院等北京部分三甲医院建立了对口合作帮扶关系，6月23日北京各大医院20多名专家在县人民医院开展了为期一天的大型义诊活动，义诊310人次，让右玉的老百姓在家门口享受到了北京三甲医院专家的服务。2018年3月开始，针对贫困户慢性病、常见病，县医疗集团组织乡镇卫生院为贫困户免费发放药品，累计价值43.84万元。

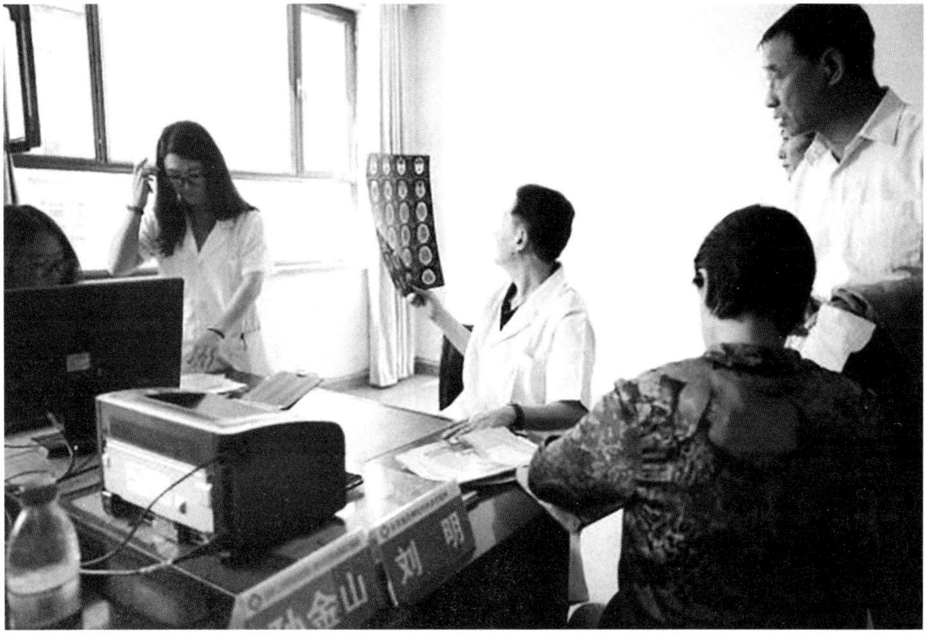

右玉县人民医院义诊现场

“健康扶贫”走“西口”座谈会

6. 加强疾病防控，从源头治理贫困

健康不仅是个人全面发展、生活幸福的基石，也是国家昌盛、社会进步的标志。“没有全民健康，就没有全面小康”，维护健康是社会责任，更是巩固脱贫攻坚成效、进而实现全面小康的关键所在。新时代大健康理念以预防为主，以“治未病”为医疗指导原则，保护健康、创造健康人居环境已成为建设健康中国的必然要求，也对从源头防止因病致贫具有重要意义。

基于这样的“大健康”发展理念，右玉县积极开展多项全民健康服务，每年免费为老人和儿童进行健康体检，建立个人健康档案；为育龄妇女免费进行“两癌”筛查，2018 年筛查 3000 余人次，共检出 1 例乳腺癌、2 例宫颈癌，现 3 例患者均已接受手术治疗，疗效良好。

以建设“健康右玉”为目标，加强传染病防控为重点，全面提升公共卫生服务能力和水平，治理环境卫生，彻底改变右玉的环境面貌。一是加强疫苗管理。按照《疫苗储存和运输管理规范》的要求，建立健全疫苗管理制度，特别是健全了疫苗冷链管理、领用制度，进一步明确工作人员责任，确保疫苗冷链正常运转、疫苗领用记录完整。同时加强人口信息管理和接种督导，2018 年 1—10 月，全县出生 1214 名目标儿童，建证率 100%，建卡率 100%，卡介苗、糖丸、百白破、麻风、乙肝、乙脑等疫苗接种率均为 98% 以上。二是加强艾滋病、禽流感和“诺如”等传染病防治工作。2018 年县疾控中心先后 6 次深入 6 家宾馆进行干预工作，发放宣传册 300 本及安全套 300 盒。同时，抽取了 3 名服务人员血样并及时化验，结果均为阴性；自愿咨询监测 117 人，均为阴性。对本县监管场所 53 名监管人员全部完成 HIV 初筛，无一例阳性。全县管理的 4 例 AIDS 患者，全部在治，目前 4 例患者病情和情绪稳定。投入资金 7.96 万元购买应急物资，及时编印了 H7N9 禽流感防治知识手册，宣传禽流感防治知

识，发放宣传手册3000余册。成立了防控“诺如”领导组，制定应急预案和防控方案。疾控中心对全县各级各类学校以及干部学院的教室、餐厅、宿舍、厕所等场所进行了消杀，共出动车辆6部，专业人员18人，消毒面积达125946平方米，发放宣传资料10000余份。三是开展环境卫生集中整治行动。全面启动创建国家卫生县城行动，大力开展农村环境专项整治，积极开展“第28个爱国卫生月”活动，2018年对全县各机关进行巡回检查176单位次，下发整改通知24份，对部分单位有害生物进行消杀，消杀面积26000余平方米。

第五节　民生扶贫成效

一、教育扶贫已经形成规范的制度

扶贫先扶智，扶智是从根本上消除贫困的手段。教育扶贫是彻底稳定脱贫的重要推手，阻断贫困代际传递，需要有高质量的教育扶贫。同时，高质量的教育扶贫更是提升贫困群众造血能力的重要抓手。

改革开放以来，右玉县着眼于全县教育事业的长远发展和质量提升，在资金和人才短缺的情况下，持续加大对教育的倾斜和扶持力度，教育事业随着经济社会的发展也得到了迅速发展。基础教育全面实现了义务教育，且义务教育“全面改薄”已基本完成，并在逐步从“基本均衡”向“优质均衡”发展。高中教育、中等职业教育近年来也得到了长足发展，“质量兴学”“一校一品”建设和特色学校创建等活动的开展，以及集团化办学、引进名师和先进管理经验等教改措施，促进了全县教育质量和水平的整体提升，有效破解了优质生源外流问题，高考不断取得新成绩。学前教育近几年也不断加强，入园率达98%以上。高举高中教育龙头，推进了学前教育、义务教育、职业教育等全面协调发展。大力发展职业教育，支持职业中学与青岛海湾理工学院联合办学，为彻底脱贫、阻断返贫提供了有力支持。按照教育扶贫实施方案建立起精准扶贫资助体系，对考入本专科接受高等教育的学生实行困难补助、助学贷款等优惠政策，确保了所有建档立卡贫困家庭学生资助全覆盖，不让一个贫困家庭学生在小康路上掉队。从总体上看，“学有所教”在右玉已经全面实现，这就为提高全体人民群众的教育文化水平，也为从根本上摆脱贫困打下了良好基础。

二、促进就业政策体系成型，帮扶措施有效

促进劳动力就业的政策体系基本成型，针对缓解贫困的就业帮扶措施能够有效发挥作用。

促进就业是消除贫困的根本性措施。劳动者实现就业就有了收入，就可以逐步脱贫。经过多年努力，右玉实施积极的就业政策，从就业规划、就业岗位开发、市场信息发布、就业培训、再就业培训等，形成了一整套制度机制。特别是在针对特定困难群体方面，针对失业人员的再就业培训、转岗补贴的政策措施，针对“零就业家庭”始终保持动态管理、动态清零的政策措施，针对“40、50”等大龄就业困难人员的公益性岗位托底安置政策措施，有可操作的成熟做法，有持续的政府财政投入，有规范的监督保障，这就为彻底消除绝对贫困奠定了就业方面的制度基础。令人可喜的是，右玉“80后”“90后”年轻一代的就业观念正在改变，去内蒙古、走包头，外出打工赚钱的人越来越多，主动走出去自主就业自主创业不仅可以逐步消除贫困，还可以逐步致富。

三、县域医疗服务网络建立，基本公共卫生服务全覆盖

县域三级医疗卫生服务网络全面建立，基本公共卫生服务和医疗保障

实现全覆盖，基层医疗卫生服务能力获得全面提升。

全县至今已拥有医疗卫生机构 331 家，其中县级医院 2 所、乡镇卫生院 11 所（含右卫镇杀虎口分院）、村卫生室 288 个、社会办医 27 家、其他专业防保机构 3 所（疾控、妇幼计生、卫生监督）；各类在职卫技人员 613 人，其中，执业（助理）医师以上职称 153 人、注册护士 134 人；全县编制床位 489 张，实际开放床位 380 张，每千人口床位数 3.3 张，每千人拥有执业（助理）医师 1.33 名、护士 1.1 名，已基本形成以县级医院为龙头、乡镇卫生院为枢纽、村卫生室为网底的农村三级医疗卫生服务网络。

所有村卫生室全部配备基本诊疗设备，配有合格村医 307 人，全县新农合参保率 100%。全县 8035 户 16337 名建档立卡贫困人口、因病致贫目标人群 6137 人，全部签订健康扶贫“双签约”，签约率 100%，慢病签约 4184 人，签约率 100%。在此基础上不断扩大家庭签约服务的覆盖范围，截至 2017 年底，全县家庭签约 36636 人，签约率 31.9%；重点人群签约 20694 人，签约率 77.93%，实现高血压规范管理 3331 人，糖尿病规范管理 1143 人，重型精神病患者规范管理 227 人，管理率均达 50% 以上。建立居民健康电子档案，每年开展免费健康体检、“两癌”筛查、产前筛查和诊断、疫苗接种、传染病防控等基本公共卫生服务，基本达到了所有行政村医疗卫生服务全覆盖。

扎实推进县乡村卫生一体化改革和县级公立医院改革，全面提升了县域医疗服务能力和水平。2017 年 10 月成立的县医疗集团实行公立医院和基层医疗机构行政、人员、资金、业务、绩效、药品“六统一”管理，将县乡医疗机构由各自为政转变为利益共同体、责任共同体和发展共同体，推动了医疗资源的合理配置和有序流动，促进重心下移、资源下沉，降低管理运行和医疗服务成本，激发基层医疗卫生机构活力，调动基层医疗卫生人员积极性，提高了服务能力和效率。县医院开展临床路径管理、优质护理示范工程、分级诊疗等多项改革措施，使群众就医环境不断改善，医疗费用明显下降。医联体建设的推进以及与北京三甲医院的长期对口帮扶合作，极大促进了县医院的学科建设和人才培养，县级医疗机构的技术水平、服务质量和服务能力得到明显提升。截至 2018 年 10 月底，全县各级各类医疗机构门急诊人次 68500 余人次（较 2015 年的 4.8 万人次增长 42.7%），出院患者 4143 人次，县域住院率 90% 以上，2018 年上半年，县外就诊率较去年同期下降 7.3 个百分点；人均门急诊费用下降 4.74%，人均住院费用下降 9.6%，药品次均费用较改革前平均下降 15.7%。健康扶贫“双签约”、巡回医疗和义诊、送药下乡等健康扶贫工作，使医疗资源下沉，方便偏远贫困人口看病，提升了群众看病就医的获得感。

第八章 社会保障扶贫

社会保障制度是我国一项基础性民生工程，社会保障政策作为兜底线、救急难、保民生的基本措施，在脱贫攻坚中担负着不可替代的任务，是中央“五个一批”脱贫路径的重要内容。按照打赢脱贫攻坚战的总要求，右玉县结合工作实际，提高低保标准，对符合条件的保障对象应保尽保，充分发挥民政兜底职能，精准脱贫、规范管理，确保落实各项工作任务。2018 年，右玉县公共服务体系初步建立，消除贫困有了规范有效的载体。社会保障制度体系基本成型，消除绝对贫困的社会托底政策机制能规范有效运行。

第一节　社会保障扶贫的政策设计

精准扶贫是全面建成小康社会的重要抓手，也是实现中华民族伟大复兴中国梦的重要保障。社会保障作为精准扶贫“五个一批”的重要组成部分，包含社会救助、医疗保障、养老保障以及失业保障等诸多方面。经过改革开放以来的不懈努力，右玉和山西省及全国的其他县市一样，建立了以基本养老保险、基本医疗保险、失业保险、工伤保险和生育保险为主要内容的社会保险制度，建立了以城乡居民最低生活保障制度、五保户等为主要内容的社会救济制度。这些社会保障制度有的服务全体人民，有的针对特定群体，但是对于一些因病致贫、因意外灾害致贫的绝对贫困户来说，由于保障力度有限，使他们很难摆脱绝对贫困的境地，家庭生活仍然十分困难。社会保障体系虽然建立起来了，但针对绝对贫困群体的社会兜底政策尚显力度不够。

社会保障的初心就是要保障贫困人口的基本生活。近年来，右玉有关部门将社会保障工作自觉融入经济社会发展的大局，从全局工作定位，从有效发挥部门职能谋划，从政策措施落地抓实效，在促进全县经济社会发展、实现精准扶贫中发挥了积极作用。为实现贫困人口社会保险的应保尽保，右玉努力扩大社会保险覆盖面，着力做好以非公有制企业和灵活就业人员参保为重点的扩面工作，扩大养老保险覆盖面。积极推进农民工、城镇非公有制经济组织从业人员和灵活就业人员参加城镇职工基本医疗保险。采取建立统筹基金、社会医疗救助制度等方式，妥善解决依法关闭破产国有集体企业、困难企业的退休人员、临时工的医疗保障问题。进一步拓宽失业保险覆盖面，将辖区内的各类社会团体、个体灵活就业人员、大中专毕业生、农民工全部纳入失业保险范围。加强城镇各类用人单位职工参加工伤保险工作，重点促进煤炭、建筑等行业企业职工、机关事业单位、个体工商户和农民工参加工伤保险。将生育保险实施范围扩大到各类用人单位。同时，积极改善社会保险服务工作，对行动不便的贫困人员参加社会保险提供上门服务。落实各项社会保险制度之间的转接办法，确保制度相互衔接、基金转接到位、经办方法先进、人员进出顺畅。发动社会力量，为扶贫提供多元支持。

第二节　全面落实社会保障扶贫政策

一、养老保险扶贫

2017年，右玉县参加城乡居民养老保险人员为65084人。其中建档立卡的贫困人口为16603人，包括农村低保户、五保户、缴费困难人员等群体，按照制度规定，应参加城乡居民养老保险的为15085人。针对这些贫困居民缴不起费，难以参加养老保险的问题，县政府拿出专项资金，为其中16—59岁应参保的7543人每人缴纳了100元养老保险费，共缴纳了75.43万元，将这些贫困居民全部纳入到城乡居民养老保险范围中，解决了他们的后顾之忧。对年龄超过参保规定、60周岁及以上的7542人，由养老保险基金支付，每月领取基础养老金110元，2018年领取标准上调到每月133元，保障了贫困老年人的基本生活。

二、社会救助兜底

1. 最低生活保障制度

农村居民最低生活保障制度是推进精准扶贫的有效的制度性建设。2016年，右玉按照国家扶贫标准与农村低保标准实现“两线合一”的要求，从县里实际情况出发，对城乡低保标准和五保标准及时进行调整，做到农村低保标准与国家扶贫标准的衔接。农村低保标准增加到3026元，人均补差提高到每人每月252元，加上对低保户电费电量的补助，总共一个低保户一年领取3110元，超过国家扶贫标准。2017年，右玉出台了《2017年农村低保扶贫行动计划》《右玉县民政局关于开展社会兜底保障，推进精准脱贫实施方案》，进一步提高了城乡低保标准，建立了分类指导、动态调整、重点保障、精准施策的工作机制。2017年农村低保标准提高到每人每年3400元，人均补差提高到每人每月280元。低保资金实行按季度发放。在每季度初，各乡镇核对发放名单后，统一上报县财政局，由国库直接支付给低保对象。2016年为全县5439户5681人发放低保金1904.7万元，2017年为农村低保对象6536户6913人发放低保金2322.8万元。城乡居民最低生活保障制度为右玉实现精准脱贫提供了强有力的保障兜底机制。

2. 五保供养制度

右玉县还建立了农村五保供养制度，并适时调整供养标准。2016年农村五保集中供养标准为每人每年5400元，加上电费电量补贴，每一五保户年领取额达到5486元，分散供养的五保户年领取额达到3686元。2017年进一步提高了相关标准，五保户年领取额都超过了国家贫困标准。还对留守妇女、留守老人、留守儿童的生活困难给予及时救助，加上一次性的临时救助制度，右玉县的社会救助制度在精准扶贫中发挥了兜底作用。

通过精准识别，全县建档立卡的贫困人口中，对于通过产业帮扶、教育帮扶、技能培训等措施仍未能实现脱贫的，经过各乡镇认定，符合兜底条件的，民政部门及时将其纳入低保和农村五保范围内进行保障管理。2016年全县纳入的低保兜底对象530人、五保3人，纳入过程均严格履行了公示、评议、审核、审评程序，实现了应保尽保，全年保障金全部通过银行，按季度直接支付到保障对象的个人银行账户上。2017年全县农村低保兜底保障对象达到3665户3884人，全年针对兜底保障对象共发放保障金1305万元。2018年继续按照精准脱贫前识别的建档立卡贫困户中的兜底保障对象，按照右玉城乡最低生活保障标准做好保障工作。

3. 特殊困难群体救助

高龄失能老人、孤儿、困难残疾人等特殊困难群体是绝对贫困人口的重要组成部分。按照全面建成小康社会“一个都不能少”和攻坚克难脱贫工作要求，右玉县民政部门扎实做好这部分特殊困难群体的脱贫工作。

（1）对城乡低保户中高龄和失能老年人给予生活补贴。2016 年按照上级规定要求，确定了城乡低保中高龄老年人和失能老年人补助标准，城乡低保家庭中 80 周岁（含）至 99 岁（含）的老年人，每人每月补贴 30 元，对 60—99 周岁的失能老年人每人每月补贴 60 元，100 周岁以上老年人每人每月补贴标准由 200 元提高到 300 元。为全县低保户中 80 岁以上老年人 662 人发放了全年高龄补贴，为 60 岁以上失能老年人 58 人发放了全年生活补贴。2017 年为全县城乡低保户中 80 岁以上老年人 623 人，发放高龄补贴 16.8 万元，为 60 岁以上失能老年人 55 人，发放生活补贴 2.97 万元。2018 年为全县城乡低保户中 80 岁以上老年人 627 人，发放高龄补贴 22.6 万元，为 60 岁以上失能老年人 54 人，发放生活补贴 3.9 万元。

（2）认真做好孤儿基本生活保障。全县孤儿均为分散居住，对这些散居孤儿按照每人每月 600 元标准实行季度发放生活救助，2016 年全县共有社会散居孤儿 89 人，全年保障金 66 万元均在各季度初发放到位。2017 年为全县 77 名散居孤儿及时发放供养费 55.4 万元，2018 年为全县 72 名散居孤儿发放供养费 54.7 万元。

（3）对困境儿童实施救助。按照困境儿童生活救助政策，右玉县制定了相应的救助方案并认真组织实施。2018 年对 33 名困境儿童按照每月 480 元的救助标准进行救助，共发放生活救助金 6.3 万元。

（4）对困难残疾人及时发放生活补贴。2016 年为全县农村低保户中困难残疾人 980 人，每人每月发放了 50 元生活补贴，共发放 59 万元。2017 年为全县农村低保户中困难残疾人 966 人，每人每月发放了 50 元生活补贴，共发放 58 万元。2018 年为全县农村低保户中困难残疾人 957 人，每人每月发放了 50 元生活补贴，共发放 57.4 万元。

三、增强公共服务能力

不断改善基层公共服务条件，提升公共服务标准化、信息化、便民化水平，为群众提供更加优质便捷高效的基本公共服务。进一步加强社会保障系统行风建设，不断提升窗口经办人员服务意识和服务作风，逐步实现各级审批和公共服务“马上办、就近办、一次办”。

为建档立卡贫困人口提供结算方便。由县人社部门牵头，建立统一的农村贫困人口医疗保障帮扶结算平台，由人社、卫计委、民政、扶贫、残联和承保的商业保险公司负责具体的政策落实和资金结算工作，全部实现了“一站式”服务。在县域内就医人员，到定点医疗机构住院看病实行直接报销结算；在县域外就医人员，到人社局政务服务大厅窗口进行一次性结算，并将报销的医疗费全部打入就医人员的社会保障卡。

四、发挥社会力量帮扶救助

社会力量是扶贫生力军。充分发挥社会力量在物资、专业、人才等方面的优势，与政府、市场构成合力，帮助减少贫困人口，推动贫困地区发展。

近年来，通过组织公益捐赠等，累计向贫困户捐赠各种扶贫物资折合人民币达10多万元。

针对因病致贫，内生动力不足的贫困户，省商务厅积极对接相关部门为右玉镇南元村建档立卡的20户49人，全部上了大病医疗补充保险，对特别困难的因病致贫家庭实行医疗救助，给予每户3000元的救助补贴，联系专业医疗队到南元村开展了扶贫义诊活动，多管齐下帮助因病致贫家庭脱贫致富。

威远镇进一步整合帮扶资源，有效发挥社会各界捐款捐赠物资的激励作用，最大限度激发贫困群众内生动力，在条件成熟的村建立“爱心超市”，将社会各界捐赠的公益物资统一放到爱心超市。由村党支部、村委会和驻村工作队结合本村实际，制定“爱心积分台账”，根据村民当月现实表现及时评定积分，村民通过积分随时兑换领取积分货品，以此激励村民主动发展勤劳致富的积极性和主动性。

第三节　社会保障扶贫成效

一、公共服务体系初步建立

公共服务体系初步建立，消除贫困有了规范有效的载体。消除贫困需要全社会的共同参与和共同努力，更需要政府的统筹协调和相关部门的积极作为。当前右玉县的公共财政服务体系正在建立，政府财政对就业再就业的持续投入、对医疗保障扶贫的投入、对养老保险扶贫的投入，有的已形成规范的财政预算制度，有的是近几年初步建立。同时，劳动就业、社会保险、社会救济办事服务机构、服务大厅、服务场所都比较规范。对经过培训的人员，有明确的管理制度，很多方面实行了计算机管理。通过组建独立法人的医疗集团，整合县域医疗卫生资源，实现行政、人员、财务、业务、绩效、药械“六统一”管理，盘活了县域医疗卫生资源，优化了资源配置；强化了医疗、公卫结合，促进了家庭医生签约服务的落地实施；畅通了双向转诊通道，方便老百姓家门口看病就医。开展的健康扶贫“双签约”服务，由家庭医生团队提供基本医疗卫生服务，乡村干部团队提供政策宣讲和报销服务，确保了贫困群众“就医有人管、报销有人办”，再加上“先诊疗、后付费”和出院“一站式”结算，为群众看病提供了极大便利，解决“看病难”问题，真正做到了以民为本、为民解困、为民服务。

二、社会保障制度体系基本成型

社会保障制度体系基本成型，消除绝对贫困的社会托底政策机制能规范有效运行。社会保障包括社会保险、社会救济等，其中有的是服务全体人民的普惠型制度，有的是针对特定困难群体的社会托底机制，初衷都是为了避免社会风险，避免一些人陷入绝对贫困。经过多年努力，右玉县以养老保险、医疗保险、失业保险、工伤保险和生育保险为主要内容的社会保险制度已经全面建立，并且初步覆盖到全体居民。五保户、城乡最低生活保障制度也全面建立。尤其是针对绝对贫困人群的医疗保障扶贫政策措施，从缴费、报销到结算服务已经成龙配套，只要有稳定持续的财政投入和科学的管理服务，这项制度在消除因病致贫、因病返贫方面将能够有效发挥作用。

2018 年，右玉全县各项社会保险参保人员累计 20.89 万人，各项社会保险费征缴 24101.4 万元，基金累计积累 7.2 亿元。其中，在基本养老保险方面，企业养老保险累计参保 12147 人，机关事业单位养老保险累计参保 6052 人，城乡居民养老保险累计参保 63269 人。在基本医疗保险方面，城镇职工医疗保险累计参保 10610 人，城乡居民基本医疗保险参保 81186 人。生育保险参保 9414 人。失业保险累计参保 9500 人。工伤保险累计参保 16750 人。截至目前，累计发放社会保障卡 88630 张。同时，积极推进社会保障卡的拓展与应用，2018 年全县城乡居民养老保险缴费全部由中国银行代扣代缴，各乡镇社会保障平台网络专线全部联网运行，群众可直接查询缴费和领取情况，真正打通了社会保障工作服务群众“最后一公里”。

第九章 成功之道

雁门之北，长城脊梁，这里是历史文化底蕴深厚的千年古镇；西口故里，红色圣地，这里有久久为功代代传承的新时代精神。右玉县位于晋西北边陲，隶属山西省朔州市，四周环山，南高北低，总面积 1969 平方公里。长期以来，受地理区位条件和自然环境条件的影响，右玉人民生活比较困苦，农民群众增收缓慢，特别是土地贫瘠，农业生产条件较差。村多人少，农村基础设施滞后，农村贫困面比较大，脱贫攻坚的任务艰巨而繁重。一张蓝图绘到底，一任接着一任干，从“不毛之地”到“塞上绿洲”，近 70 年沧海桑田，在这场只有起点、没有终点的绿化“接力赛”中，右玉人在树人中树木，在树木中树人，创造了一个人类历史上的生态奇迹，孕育了“右玉精神”。

反贫困是古今中外治国理政的一件大事。消除贫困、改善民生、逐步实现共同富裕，是社会主义的本质要求，是我们党的重要使命。在习近平总书记关于扶贫工作的重要论述的指导下，右玉县充分发挥党的领导核心作用，深入学习贯彻习近平新时代中国特色社会主义思想，严格落实中央和省、市委关于脱贫攻坚的重大战略决策，充分发挥全县各级党组织的战斗堡垒作用，以强烈的政治担当肩负起脱贫攻坚这一重大政治任务。

以民为本，一诺千金。为了打赢脱贫攻坚战，为了实现既绿又富的梦想，自脱贫攻坚以来，右玉县强化干部帮扶，充分发挥一线扶贫干部的先锋模范作用，驻村扶贫工作队、第一书记、结对帮扶干部活跃在右玉县的广袤田野上，把扶贫的身影镌刻在脱贫攻坚的光辉履历中，与贫困群众同吃同住同劳动，积极帮群众做规划、谋发展，脚踏实地真诚奉献，通过心连心、手挽手式的帮扶，一步一个脚印地把贫困群众带出贫困的泥淖，带领大家一齐致富奔小康，不断增强全县人民的获得感、幸福感、安全感，不断推进全县人民共同富裕，使脱贫攻坚取得显著成效。

第一节　右玉的成功经验

右玉从荒丘沙地到塞上绿洲的巨大飞跃，不仅切实地改变了当地百姓的生活，也为我们留下了宝贵的经验：坚持中国共产党的领导，特别是坚持以习近平同志为核心的党中央给右玉指明的正确道路；一代又一代右玉人以久久为功、利在长远的信念，为这场持续几十年的攻坚战役提供了精神动力；尊重客观规律，为右玉的绿色发展奠定科学的基础。

一、坚持中国共产党的领导

1. 正确的道路引领

右玉的脱贫之路，自始至终都不曾离开党的领导。新中国刚成立时，由于当地恶劣的自然条件，右玉单是完成生产建设任务就难如登天。右玉县委和县政府认清了残酷的现实，右玉要想发展，风沙是绕不过的拦路虎。党委和政府决心将工作重心放到生态问题上，开启了长达几十年的绿化之路。从局部绿到锁风沙，从堵窟窿到合理栽，从绿屏障到遍地靓。一届又一届右玉党委和一代又一代人民群众坚持不懈，将曾经寸草难生的荒原种出了一片美丽绿洲，种出了右玉的未来，给之后的经济发展打下了坚实可靠的基础。

进入21世纪，站在新的起点上，生态逐渐得到恢复的右玉，面临新的问题就是如何摘掉贫困的帽子。

为了实现广大人民共享改革发展成果的伟大梦想，习近平总书记亲自发动、亲自推动、亲自领导、亲自督战社会主义的伟大实践——脱贫攻坚战，决心在2020年，所有贫困地区和贫困人口一道迈入全面小康社会。习近平总书记强调：要动员全党全国全社会的力量，坚持精准扶贫、精准脱贫，坚持中央统筹省负总责市县抓落实的工作机制，强化党政一把手负总责，坚持大扶贫格局，注重扶贫同扶志、扶智相结合，坚决确保2020年解决区域性贫困问题，真脱贫，脱真贫。

在习近平总书记关于扶贫工作的重要论述指导下，右玉县充分发挥党的领导核心作用，深入学习贯彻习近平新时代中国特色社会主义思想，严格落实中央和省、市委关于脱贫攻坚的重大战略决策，层层压实责任，逐级明确任务，充分发挥全县各级党组织的战斗堡垒作用，以强烈的政治担当肩负起脱贫攻坚这一重大政治任务。自从脱贫攻坚工作开展以来，随着教育、就业、社保、医疗等民生领域的多项政策措施不断完善，财政投入不断加大，社会政策的兜底作用得到发挥，有效地阻断了右玉群众致贫返贫的通道。

2. 强大的组织保障

在扶贫工作中，党组织始终发挥着主导作用。右玉县委为全面贯彻落实党中央关于打赢脱贫攻坚战的决策部署，结合右玉县的实际情况，以弘扬右玉精神为根本动力，以加强“三基建设”为主要抓手，着力夯实党建基础，推行“党建＋脱贫攻坚”模式，凝聚起脱贫攻坚的强大合力，最终使脱贫攻坚任务圆满完成。

在右玉县委的坚强领导下，广大党员干部带头上，右玉群众跟着干。一百多名书记、上千名结对帮扶干部，实现贫困村、贫困户帮扶全覆盖。

为保质保量地完成脱贫攻坚任务，无数奋斗在一线的脱贫工作人员一连数日不回家早已是家常便饭。

打铁还需自身硬。为强化干部能力提升，右玉县委依托右玉干部学院，采取科级干部选题跟课培训、业务干部对口跟班培训、其他干部按需跟师培训三种方式，对全县干部分层分类分批开展通用能力、专业能力培训。坚持好干部标准，严格干部选用程序，为脱贫攻坚一线部门补充人员，全年调研干部 141 人次。持续不断的能力提升和精神洗礼不仅提高了党组织的领导能力，更为脱贫攻坚任务向着正确的方向前行提供了坚实保障。

为鼓励党员干部更好地投入脱贫攻坚工作中，右玉县委建立了三个导向机制，形成了“干部当支书、支书当干部”的支部建设机制，“入党在一线、一线能入党”的发展党员机制以及“基层先提拔、提拔到基层”的干部选用机制。让机关干部下得去，基层干部上得来，大力提拔在脱贫攻坚工作中有担当作为的党员，大大加强了党员投入脱贫工作的热情。

在激发广大党员干部工作热情的同时，右玉县委也狠抓脱贫工作中的作风问题。建立工作督导巡查和观摩评比制度，将对各级党组织开展的脱贫攻坚工作巡查常态化，采取现场观摩、现场评分、现场整改的方法，保证了脱贫攻坚工作问题解决的及时性和确定性。对在工作中表现出精力不集中、措施不得力、作风不扎实、效果不明显的包村干部和驻村工作队实打实地进行问责，对不能完成扶贫任务和弄虚作假的单位进行严肃处理，明确底线问题不容侵犯的态度。

3. 团结多方力量

一人拾柴火不旺，众人拾柴火焰高。右玉县委坚决贯彻落实发动全党全社会的力量打赢脱贫攻坚战的指示，继承红色精神，广泛发动社会有生力量，坚持政府主导和社会参与相结合，广泛动员和凝聚社会力量参与扶贫，形成了政府、市场、社会互为支撑，专项扶贫、行业扶贫、社会扶贫

“三位一体”的大扶贫格局。充分发挥非公经济和社会组织党组织的作用，引导非公企业和社会组织参与脱贫攻坚。对吸纳贫困人口就业的县内企业，按规定给予税收优惠、职业培训补贴等政策倾斜。加强与市定联村企业沟通对接，形成帮扶企业既与贫困村结对，也与产业发展结对，引导联村企业通过公司化、股份化运作方式，推动贫困村产业向种、养、产、销一体化方向发展。

二、积极作为的地方政府与乡村基层干部

1. 山西省、朔州市的指导

脱贫攻坚战打响以来，山西省、朔州市对右玉县的脱贫攻坚工作高度重视，山西省委制定出台了支持右玉脱贫攻坚、实施绿色发展的重大举措，专门成立了朔州市弘扬右玉精神领导小组，进驻右玉指导督导脱贫攻坚工作，为该县决胜脱贫攻坚指明了方向。朔州市制定了《关于强力推进和支持右玉县脱贫攻坚行动方案》，明确了市县两级对右玉县的脱贫攻坚任务责无旁贷的帮扶责任。建立市级领导跟踪制度，调动一切资源、采取超常举措、形成强大合力、集中攻坚克难，强力推进右玉县脱贫攻坚。

2. 右玉县政府精准举措

右玉作为右玉精神的发源地，作为习近平总书记高度关注的县区，打赢脱贫攻坚战具有更为重大而深远的政治意义。右玉县委县政府以高度的政治责任感和历史使命感，把脱贫攻坚作为贯彻落实习近平总书记对右玉精神重要批示指示精神的重大举措和具体行动，提出举全县之力，高标准率先脱贫摘帽，为全省作出示范的目标。右玉县深入学习贯彻习近平总书记关于扶贫工作的重要论述，按照省、市部署要求，坚持把脱贫攻坚作为重大政治任务和首要民生工程，层层压实责任，精准有力推进。特别是习近平总书记先后五次对右玉精神作出重要批示指示，极大地鼓舞了全县人

民干事创业的热情。县委、县政府把打赢脱贫攻坚战作为贯彻落实习近平总书记视察山西提出的总体要求和五项重大任务以及对右玉精神重要批示指示精神，省委“一个指引、两手硬”思路要求，市委六届六次全会确定的“塞上绿洲、美丽朔州”目标的重大举措和具体行动，提出了举全县之力，高标准率先脱贫摘帽，为全省作出示范的目标。省市对右玉的脱贫攻坚工作高度重视，制定出台了支持右玉脱贫攻坚、实施绿色发展的重大举措。

把“脱贫攻坚、旅游兴县”作为全县发展战略，坚持以脱贫攻坚统揽全县经济社会发展全局，右玉多次召开县委常委会、政府常务会、脱贫攻坚领导小组会议、督促检查现场会等，及时研究部署脱贫攻坚工作。特别是把加强领导、落实责任作为打赢脱贫攻坚战的关键和核心，成立了以县委书记、县长任组长，县委副书记、组织部长、分管副县长任副组长，各相关部门为成员单位的县脱贫攻坚领导小组，全面加强对脱贫攻坚工作的领导，制定出台了《右玉县精准扶贫总体规划（2015—2020）》《右玉县脱贫攻坚年度行动计划》《右玉县“十三五”特色产业精准扶贫规划》等系列文件，各乡镇和扶贫涉及部门分别制定了扶贫规划和专项行动计划，并成立脱贫攻坚领导小组，明确任务、扛起责任，确保脱贫攻坚各项工作扎实有效推进。

右玉县坚持以脱贫攻坚统揽全县经济社会发展全局，把加强领导、落实责任作为打赢脱贫攻坚战的关键和核心。各级干部明确任务、扛起责任，确保脱贫攻坚各项工作扎实有效推进。在此基础上，右玉县严格落实脱贫攻坚责任双签制度和“一把手”负责制，层层签订《脱贫攻坚责任书》和《脱贫攻坚军令状》。特别是2017年6月确定高标准率先脱贫摘帽后，该县及时成立脱贫攻坚工作推进领导小组，下设15个专项工作组，出台了《右玉县推进脱贫攻坚工作方案》《右玉县脱贫攻坚重点指标任务分解》《右玉县进一步加强县乡领导干部包联贫困村工作的意见》等文件，进一步压实责任、细化任务，强化力度、加快进度，加班加点推进脱贫摘帽工作。

三、社会力量的积极参与

高树靡阴，独木不林。只有更好地发动社会各界的力量参与到脱贫攻坚的伟大战役中来，才能更好更快地取得胜利。

生态是右玉的灵魂，绿色是右玉的本色。右玉人民近 70 年坚持不懈造林治沙，坚韧不拔改善生态，如今全县有林面积达 160 万亩，林木绿化率达到 55%，但护林员的数量远远不能满足林木养护的需求。根据县情实际，国家能源集团把右玉扶贫工作的重点放在了实施绿色生态保护扶贫项目上。2016 年 9 月份专门设立了支持该县生态文明建设的“右玉县绿色生态保护扶贫基金”。具体来讲，就是国家能源集团从全县建档立卡的贫困户中先后选聘 184 名贫困护林员，对该县 11 处绿色生态重点保护区共计 26 万亩生态林进行管护。各管护区配备管护站长，护林员均经过业务培训并签订护林协议，县林业局组建森林资源保护巡查队，对护林员进行监管考核，严格奖惩。护林员费用经挂职副县长和县分管扶贫副县长共同签字确认后，按月将管护费从扶贫基金专用账户直接打入护林员个人账户，人均收入超过 800 元 / 月。该项目实施以来，管护区内未出现森林火灾和盗伐现象，牲畜啃食情况明显改善，林区生态保护和防火成效显著。护林员通过参与生态文明建设、保护绿色家园工作，不但提高了经济收入，环保意识和劳动致富意愿也不断增强，精准扶贫成效不断扩大。自 2016 年 10 月项目开展以来，共发放护林员管护费 221.5 万元。利用绿色生态保护扶贫基金 142.7 万元，为支援定点扶贫村——七里铺村种植了扶贫经济林约 210 亩，修建村内混凝土道路 2.36 公里，为七里铺村打造“美丽乡村”、壮大集体经济注入了强大发展动力。

四、右玉精神的大力弘扬

右玉精神的形成源于右玉独特的自然条件，从几十年如一日与恶劣生态的抗争到进入新时代与大自然和谐共生，右玉形成了自己独特的精神文化。右玉县地处晋西北地区黄土高原，靠近内蒙古，近代生态环境恶劣。新中国成立70年来，右玉县历届县委、县政府团结带领全县党员干部群众，坚持植树造林，改善生态环境，全县林木绿化率由不到0.3%提高到55%以上，创造了令人惊叹的奇迹，有力促进了全县经济社会发展，在艰苦的探索实践中铸就了以“迎难而上、艰苦奋斗、久久为功、利在长远”为核心的“右玉精神”，得到了中央领导和山西省委的充分肯定，在全国全省引起了热烈反响。

右玉精神生成于植树造林、改善生态的实践历程，实质就是一种坚持不懈的“种树精神”。右玉的种树之旅，其艰难程度是外人无法想象的。1956年的春季，新来的县委书记庞汉杰上任后的第一天就看到了令其终生难忘的一幕：原县委书记马禄元跪倒在沙梁上，手里握着一棵枯死的树苗，长泪横流。庞汉杰表情严肃地说：“马禄元同志，眼泪有损于共产党人的形象，有损于一个县委书记的尊严！”马禄元忽地站了起来，扬起手里那棵枯死的树苗，朝着庞汉杰几乎是愤怒地大声喊道：“你瞧瞧，你瞧瞧，我这两只手上，全是老茧，一个一个血泡和老茧！右玉的干部，右玉的老百姓，哪一个不是这样的两手血泡和老茧。两年啊，几千人两年的苦战，就换来这尸横枯枝遍野！你瞧瞧啊，这该死的黄沙洼！”庞汉杰这才抬头打量，看到了让他震惊的一幕：一望无际的黄沙梁，遍地干枯的树苗，有的沙丘被刮得裸露着树根，有的却连树梢都埋在了沙子里，还有的整棵树苗被大风刮起来，散落在黄沙梁上。整个黄沙洼，枯树遍野，一片凄惨景象。庞汉杰终于明白了，这位从战争年代走过来，经历过无数生死考验，从不落泪的硬汉子县委书记——马禄元、右玉植树造林的领头人，原来是为了枯死的树苗，不顾自己的身份，趴在黄沙洼的沙梁上泪湿长襟。他也更深刻地认识到在右玉植活一棵树有多难。[①]这样的挫折和失败在右玉屡见不鲜，然而右玉没有被吓怕，而是愈挫愈勇，誓要用绿树包围沙丘。在一届又一届政府的领导下和右玉人民的不懈努力下，右玉终成神话，在一片荒漠中创造了自己的绿色奇迹。

习近平总书记先后五次对右玉精神作出重要指示和批示。他指出，右玉精神体现的是全心全意为人民服务，是迎难而上、艰苦奋斗，是久久为功、利在长远；右玉精神是宝贵财富，一定要大力学习和弘扬。习近平总书记的批示不仅印刻在右玉县委、县政府的办公广场前，更贯穿在右玉经济社会发展方方面面，为右玉广大干部群众不忘初心、牢记使命、接续奋斗提供了根本遵循和不竭动力。党的十八大以来，习近平总书记关于扶贫工作的重要论述，为全国脱贫攻坚指明了方向，提供了根本遵循，深刻领会习近平总书记重要论述，扎实推进脱贫攻坚，关键在于党的坚强领导，在于群众发挥主体作用，核心在于秉承全心全意为人民服务的价值观，坚持迎难而上、艰苦奋斗的奋斗观，严守久久为功、利在长远的政绩观，这些要求都与右玉精神高度契合，更加坚定了右玉“脱贫攻坚、旅游兴县”的信心决心。

五、遵循客观规律大胆突破创新

唯物主义认为，规律是普遍存在的，一切事物在其运动变化和发展过程中都遵循其固有的规律。人们必须尊重规律，不能违背规律。然而，人们在规律面前也不是完全无能为力的，而是要发挥人们的主观能动性，在

① 谭文峰:《风从塞上来——中国右玉县六十年生态建设报告》，山西人民出版社 2011 年版，第 26、27 页。

认识和把握规律的基础上，根据规律发生作用的条件和形式利用规律，改造客观世界。中国共产党深刻把握马克思主义的思想精髓，结合中国的实际国情，创造性地提出了新的生态发展观，并将新的生态发展观深深融入了治国理政的大政方针中。在领导人民脱贫攻坚的工作中，各级党政领导干部亲自走访贫困户了解和慰问群众生活，深入基层了解情况，不贪功、不冒进，有步骤地推进脱贫攻坚任务，带领右玉人民如期脱贫摘帽。可以说，尊重客观规律，实现科学发展，是右玉成功摘帽的重要经验。

1. 科学可行的产业扶贫政策

坚持具体问题具体分析，实事求是的基本原则。制定帮扶政策措施到村到户，针对右玉县特色产业制定特惠补贴和优惠政策，对贫困户发展特色农业实行特惠补贴政策。在粮食补贴方面，建档立卡贫困户发展特色农业，在享受现有农业支持保护补贴标准的基础上，杂粮每亩增加 25 元，薯类补贴每亩增加 50 元，中药材补贴每亩增加 200 元。在种植方面，中药材种植县政府实行鼓励性政策，免费提供种子、化肥、除草剂等生产资料，补助标准为当年生折合 400 元 / 亩，多年生折合 900 元 / 亩；为种植户缴纳农业保险，当年生 15 元 / 亩，多年生 30 元 / 亩。

2. 尊重自然规律实现和谐共生

从不毛之地到塞上绿洲，绝非一日之功，而是几十年如一日的点滴积累，是非凡的恒心铸就的量变，才能实现这沙丘到绿洲的质的飞跃。一旦出现唐突冒进，都有可能使前人所有的努力付诸东流。然而，自新中国成立以来，右玉一代又一代的县委书记一直坚持着功成不必在我的信念，始终坚持科学发展，根据右玉实际进行植树造林的科学规划。虽然右玉的生态建设耗时长，但却因右玉科学合理的规划而避免了很多不必要的弯路、也少走了很多错路。

山西省是我国著名的资源大省，右玉的煤矿储藏量自然也是不少，已探明的就有约34亿吨。改革开放以后，右玉周边许多地区都相继开始了挖煤致富的发展之路，靠产出煤炭作为地区经济发展的主要动力，一时之间，经济情况得到了很大的提高。面对这样诱人的利益和明显的数字业绩，右玉县委、县政府的领导经受住了眼前的诱惑，不仅没有不顾一切地盲目跟风，而且严格项目环保准入，明确建议项目审批“六条红线”，坚决做到招商引资“三个不得引进”，保证在生态环境不受损的情况下对资源进行科学开发。

3. 坚持因地制宜探索绿色发展

要想摆脱贫困，仅仅恢复生态开发资源是远远不够的。县委、县政府领导班子因地制宜，在已经大大改善的生态环境的基础上，结合右玉深厚的历史文化底蕴，开始发展旅游产业。2017年，省委、省政府批准右玉成立全省首家省级生态文化旅游示范区。在省委、省政府的大力支持下，右玉县咬定绿色发展不放松，以杀虎口－右卫文化创意园、环县城生态产业园、苍头河湿地体验带为核心，努力打造习近平“两山”理论示范区和推动绿色发展先行区。

杀虎口风景名胜区是右玉生态文化旅游开发区的重要组成部分。杀虎口风景名胜区大力创新，率先成立了全县首家生态旅游合作社，带领当地群众通过旅游产业实现小康生活。生态旅游专业合作社的成立大大激发了贫困户的积极性，帮助他们看到了致富的希望，将美丽的青山绿水变成真正意义上的金山银山。

杀虎口在明清时期就是最为重要的关口，丰富的历史底蕴给右玉县带来了丰富的历史文化旅游资源。而杀虎口村正位于景区的核心地带，绿化面积广阔，水资源丰富，又有许多文化古迹，是发展旅游业的理想之地。但在过去，经济条件较差，大量青壮年劳动力外出务工，村子里老龄化倾向明显，人口骤减，使得杀虎口村的经济条件每况愈下，空有得天独厚的旅游资源，却无法转变成村民们的财富。而杀虎口村生态旅游专业合作社成立至今，通过开展杀虎口风景区停车场收费管理、卫生保洁、绿化等工作，已经帮助24名贫困人口解决了就业问题。除此之外，合作社还积极帮助贫困户结合自身条件，通过发展农家乐的方式获得收益，又帮助35名贫困人口实现就业。在提高村民个人收入的基础上，他们还引导群众提升当地旅游的服务水平，努力实现村集体经济的稳步扩大。

不仅是旅游业，右玉县还因地制宜大力发展起了特色种植业，在全国小杂粮基地县的基础之上，进一步深化精杂粮产业，与山西国新晋药集团公司、安徽华鼎堂中药饮片公司签订种植、收购协议，种植中药材面积多达4.4万亩，逐年提高贫困户种植项目补贴。

因户制宜，因村制宜。右玉县把精准扶贫的科学发展之路越拓越宽。既发展经济，提高居民生活质量，又尊重客观规律，保护生态环境，也顺应了人们追求更高生活方式和品质的内在要求，极大地加快了右玉脱贫摘帽的进程。右玉的脱贫道路得益于尊重客观规律，坚持科学发展，统筹规划，多管齐下，与我国建设社会主义生态文明的要求高度吻合，是习近平生态文明思想的生动诠释，对于山西全省、全国乃至世界的贫困地区都具有一定的借鉴意义。

右玉的一代又一代共产党人不辱使命，如今，他们广泛发动力量，以不灭黄沙终不还的决心带领着百姓用自己的双手换来了自己的绿色家园，以薪火相传的精神点燃了一辈又一辈右玉人心中的绿色梦，如今，他们坚持科学发展，改革创新，文旅融合发展，让右玉实现了从绿起来到真正的富起来。

第二节　右玉的未来发展方向

右玉顺利脱贫摘帽，成为山西省首批脱贫县，这固然可喜，但是我们应该清醒地认识到，右玉的发展依然存在问题。如何将已经取得的胜利稳固下来，在此基础上进一步推动右玉朝着全面建成小康社会迈进，仍然需要右玉全县人民的继续努力。

1. 产业扶贫和乡村振兴、新农村建设相结合

坚持“绿化、彩化、财化”的要求，将造林绿化与旅游产业发展、美丽乡村建设、林业经济发展等紧密结合，注重提升生态、景观、经济等综合效益，不断提升造林质量，持续厚植生态优势。每年保持 8 万亩以上的造林绿化力度，力争 2020 年实现全域宜林荒山基本绿化。加快推进村庄道路绿化、环村绿化、街巷绿化、庭院绿化、校园绿化和公共绿地建设，全面开展绿色生态村庄建设。

2. 深化地方特色产业扶贫

基于地方特色，深化特色产业扶贫。加快推进中药材种植、特色养殖、光伏项目、乡村旅游、电商平台等特色产业，在优化布局中加快产业转型升级。对脱贫攻坚中已经培育形成的产业，持续在技术、资金、信息等方面进行帮扶；对尚未形成特色产业的，帮助找准产业发展方向、谋划实施具体项目。充分发挥部门行业优势，依托现有的产业基础，做大传统种养产业，做强龙头带动产业，做好新型富民产业。围绕有劳动能力的贫困户户均年新增产业收入 3000 元以上的目标，积极探索和推进连片开发式、资源入股式、订单合作式、龙头带动式等四种产业帮扶模式，加快农村“五有”产业扶贫机制建设，突出抓好贫困户与新型经营主体的利益联结，引导建立“企业 + 合作社 + 贫困户”等模式，将企业、合作经济

组织、贫困户结成命运共同体，使贫困户“有业可从、有企可带、有股可入、有利可获”，使贫困户获得稳定收益。

3. 进一步提升农村一、二、三产业融合发展水平

大力开发农业多种功能，延长产业链、提升价值链、完善利益链，通过保底分红、股份合作、利润返还等多种形式，让农民合理分享全产业链增值收益。实施农产品加工业提升行动，实现农产品就地加工转化增值。加强特色地方农产品产后分级、包装、营销，建设现代化农产品冷链仓储物流体系，打造农产品销售电商平台，支持供销、邮政及各类企业把服务网点延伸到乡村，健全农产品产销稳定衔接机制，大力建设具有广泛性的促进农村电子商务发展的基础设施，鼓励支持各类市场主体创新发展基于互联网的新型农业产业模式，深入实施电子商务进农村综合示范，加快推进农村流通现代化。实施休闲农业和乡村旅游精品工程，建设一批设施完备、功能多样的休闲观光园区、森林人家、康养基地、乡村民宿、特色小镇。鼓励支持利用闲置农房发展民宿、养老等项目，发展乡村共享经济、创意农业、特色文化产业。

4. 拓展生态和产业耦合模式

《中共中央　国务院关于打赢脱贫攻坚战的决定》中指出，把生态保护放在优先位置，扶贫开发不能以牺牲生态为代价，探索生态脱贫新路子，让贫困人口从生态建设与修复中得到更多实惠。因此，必须创新扶贫的思路和方法，探索生态扶贫新途径。欠发达地区往往工业开发较为滞后，资源及环境状况较好，具有良好的生态优势，这是经济发展的后发优势。生态优势转化为发展优势的最佳路径是“生态＋产业”，形成成熟的绿色产业体系。

5. 深化右玉生态旅游业

右玉生态环境和名胜古迹是最好的旅游资源，要充分发挥旅游资源优

势，扩大宣传。发展文化旅游产业，打造旅游强县。围绕旅游兴县战略的实施，以生态文化旅游开发区建设为引领，重点实施杀虎口景区文化旅游项目、中央美术学院油画研究院及油画家驻留地建设项目、玉龙文体产业园二期项目、右卫特色小城镇建设项目、苍头河森林康养基地建设项目，建成以弘扬右玉精神为主题的红色旅游线路和西口文化为主题的生态休闲旅游线路，推动健康养老、家庭服务等新兴产业快速发展。

6. 推荐森林碳汇交易

森林碳汇主要是指森林吸收并储存二氧化碳的能力。森林碳汇作为二氧化碳排放空间的具体载体，成为一种无形的资源资产，这种资产是可以通过转让而获得经济收益的。国家林业局在义乌建立了全国林业碳汇交易试点平台，为碳汇交易提供了良好的交易条件，将来碳汇交易的制度和机制完善后，必将成为生态保护地区脱贫致富的重要路径，右玉，也不例外。

7. 生态扶贫中统筹山水林田湖草系统治理

把山水林田湖草作为一个生命共同体，进行统一保护、统一修复。实施重要生态系统保护和修复工程。健全耕地草原森林河流湖泊休养生息制度，分类有序退出超载的边际产能。扩大耕地轮作休耕制度试点。科学划定江河湖海限捕、禁捕区域，健全水生态保护修复制度。实行水资源消耗总量和强度双控行动。开展河湖水系连通和农村河塘清淤整治，全面推行河长制、湖长制。开展国土绿化行动，推进荒漠化、石漠化、水土流失综合治理。强化湿地保护和恢复，继续开展退耕还湿。完善天然林保护制度，把所有天然林都纳入保护范围。扩大退耕还林还草、退牧还草，建立成果巩固长效机制。继续实施防护林体系建设等林业重点工程，实施森林质量精准提升工程。继续实施草原生态保护补助奖励政策。实施生物多样性保护重大工程，有效防范外来生物入侵。

8. 改进职业培训，提高培训的针对性和有效性

一技在手，脱贫有望。让贫困群众通过职业培训掌握一技之长，是实现稳定脱贫的最有效途径。解决这一问题要从两方面入手。一方面，要在全社会倡导“一技在手吃穿不愁”的致富思路，大力营造学文化学技术、人人能够成才、技术能够致富的社会氛围，鼓励初中毕业、高中毕业未能再继续升学的青年人接受正规的职业教育，参加职业培训，激发年轻人学文化、学技能的积极性，这个方面政府不仅要倡导，也要鼓励家庭、企业、社会参与。另一方面，要进一步改进职业教育和职业培训工作，有关部门要在培训前深入开展调查研究，既要掌握困难群众的所盼所学，也要了解市场需求、产业发展趋势，准确定位培训方向，严格筛选培训机构，使所培训的内容适销对路，有含金量、有干货，为受训者所欢迎，扎扎实实地提高培训的针对性、实效性。

9. 建立规范的财政投入机制

医疗保障扶贫需要持续的财政投入，从脱贫摘帽开始应建立规范的制度，纳入财政预算，确保资金投入。同时要建立基本医疗保险、大病保险、补充医疗保险和民政医疗救助相互衔接、系统严密、有序规范的精准管理服务体系。养老保险扶贫方面，基础养老金 2017 年是每人每月 110 元，2018 年增加到 133 元，总体上看待遇还是比较低的。下一步要根据经济发展和居民收入水平增长情况，逐步提高基础养老金标准，继续探索建立基本养老保险待遇水平随经济发展而逐步提高的机制。

10. 要继续推进卫生事业，加强学科建设和人才培养

大力推进医疗卫生事业发展，特别是解决医疗卫生方面的人才紧缺问题，需要上级相关部门继续加大支持力度，追加投入，根据县域特点进行学科建设，建立健全全科医学人才的补充、培养长效机制，进一步提高乡村医生待遇，为卫技人员提供更多的学习进修机会，避免人才流失。

11. 改进公共服务，提高公共服务协同性时效性

在巩固脱贫成果的过程中，要进一步按照“放管服”改革的要求，简化办事程序，密切部门衔接，提高行政效率。特别是要依托互联网，加快完善信息化建设，建设“互联网 +”教育、人社、医疗健康服务体系，提高公共管理服务的规范化、标准化水平。

附 录

一、右玉县近年来产业扶贫行动方案表

年度		2016	2017	2018
定位		按照“一乡一特，一村一品”的产业发展规划，继续提升小杂粮、马铃薯、油料、肉羊、牧草和种苗六大特色优势产业	以“一村一品一主体”为抓手，协调推进农业扶贫、电商扶贫、乡村旅游扶贫、光伏扶贫，加快构建现代农业产业体系、生产体系、经营体系，提高农业创新力、竞争力和全要素生产率，不断夯实农村产业发展基础，提升扶贫造血功能	鼓励各乡镇因地选准产业，推动“一村一品，一乡一业”产业发展，形成村村有产业、有合作社、有公司带动，为群众的长远发展打下坚实基础
农业	种植业	白头里乡野场村5000亩高标准现代农业园区建设；在李达窑乡、白头里乡新建2个万亩燕麦高产片区；完成马铃薯良种繁育3000亩、原种繁育1000亩	杂粮种植面积稳定在40万亩以上，贫困户种植补贴按照104元/亩的标准执行，扩大马铃薯种植面积，贫困户种植补贴按照99元/亩的标准执行	全面落实粮食直补和特惠种植补贴政策，杂粮种植面积稳定在35万亩以上，高产高效油料创建项目争取2万亩、马铃薯良种繁育8000亩，完成无公害、有机产品基地认证1万亩、农产品品种认证5个

续表

年度		2016	2017	2018
农业	畜牧养殖业	新建扩建标准化养殖园区10个，新增圈舍3.5万平方米；种植当年生牧草11万亩、多年生牧草2.1万亩	抓住国家草牧业试点和省雁门关生态经济畜牧建设的政策机遇，进一步巩固提升“右玉羊肉”这一地理标志产品优势，依托本地肉羊加工龙头企业，推进全产业链发展，扶持577人养羊；力争与东阿阿胶集团签订合作协议，将右玉县纳入东阿阿胶养殖基地，扶持2026人养驴；扶持75人养牛；圈舍补贴1333套。同时，鼓励贫困户种植牧草，配套发展养殖。今年，继续实施“3+1”畜牧扶贫行动，为列入产业帮扶的贫困人口发放1头驴或1头牛或10只羊，并对配套建设30平方米以内的标准化圈舍按照200元/平方米的标准进行补贴	依托雁门关农牧交错带示范区建设的机遇，在杨千河乡、牛心堡乡和丁家窑乡规划建设3—5个草畜一体化示范场
	林业	大力发展沙棘产业，打造威远、李达窑、杨千河三大沙棘产业片区，威远镇种植500亩、李达窑乡种植1000亩、杨千河乡种植1000亩，促进沙棘产业规模化发展；全面启动实施中草药种植项目，尽快完成测土配方工作，并与知名的中医药集团达成合作协议	积极引导农户种植板蓝根、党参、黄芩、黄芪等中药材4.4万亩，打造10个示范村，培育50个种植大户。对建档立卡贫困户，按照当年生400元/亩、多年生900元/亩的标准，以籽种、化肥等实物进行补贴	按照当年生400元/亩、多年生900元/亩的标准进行补贴，力争中药材种植达到5万亩以上，同步建设5个中药材标准示范园，带动3000户种植户增收

续表

年度		2016	2017	2018
农业	农产品加工业	鼓励右玉县农产品加工企业申报驰名商标、著名商标；继续推进右玉燕麦地理标志认证；进一步巩固和提升右玉羊肉和小杂粮等已获得地理标志的农产品优势	加快小杂粮地理标志农产品认证进程	引导祥和岭上、绿源康达、大西口农牧、西口洋洋、玉羊五家羊肉加工企业发展订单农业，采取“企业＋村集体＋农户”的模式进一步延伸产业链条、提高养殖户抗风险能力，加快推进右玉生态羊全产业链发展
光伏业		按照国家五部门《关于实施光伏发电扶贫工作的意见》（发改能源〔2016〕621号）和省光伏扶贫工作的总体规划，把光伏发电项目与脱贫攻坚工作相结合，确保纳入光伏扶贫项目的建档立卡贫困户，实现如期脱贫无遗漏、长期受益不返贫。今年，力争投资3.2亿元，装机容量38KW集中式光伏发电项目年内拿到路条；大力推进投资560万元在威远镇张千户岭村建设的700KW小型地面光伏电站（整合7个村光伏扶贫项目）年内建成并网；力争元堡子镇西周里村投资210万元（采取项目抵押贷款的方式）建设的分户式光伏发电项目年内产生效益	运用好光伏扶贫的有关鼓励政策，按照市场化运作、企业化运营的方式，探索以财政支持为主、社会参与为辅、贫困户自筹为补充的融资模式，支持贫困村、贫困户大力发展光伏扶贫项目。今年，推进已建成的913千瓦光伏扶贫项目并网发电，力争7月底产生收益；按照5000元/人的补助标准，加快新增项目建设，尽早让列入光伏扶贫计划的16个村、374户、772人享受收益。将去年建成的700千瓦集中式光伏项目列入资产收益扶贫项目，将股权平均分配到所惠及的7个村，收益资金作为村集体经济收入	加快推进2.82万千瓦村级光伏扶贫电站和1座3万千瓦集中式光伏扶贫电站项目建成运营，同步改革光伏扶贫收益分配模式，力争扶贫收益资金效益最大化，户均受益3000元以上。同时，加快推进2017年建成的1470户分布式光伏和129个村级电站并网发电

续表

年度	2016	2017	2018
电子商务业	抓住右玉县荣获首批电子商务进农村示范县的政策和资金支持，大力发展“互联网＋农业”这一新模式、新业态、新产业，让贫困人口更多地享受到电商扶贫带来的实惠。今年，建设县级电子商务服务中心1个、乡村服务点30个，每个乡镇打造1—2个网上销售示范村。同时，力争在国内主流网络购物平台开设右玉农副产品专柜	以创建电子商务进农村示范县为契机，大力推进“互联网＋农业”扶贫惠民行动，构建“下行畅通、上行畅销”的电商格局。一是推进电商服务体系建设。加快“1+1+11+N”电子商务服务体系建设（即：1个县级电子商务综合服务中心，1个物流配送中心，10个乡镇服务站、1个旅游区服务站，58个村级电商服务点），并配套完善相关服务设施。二是建设网络购物平台。积极对接国内知名电商服务平台，力争在淘宝、京东、苏宁易购、乐淘村4个网购平台建设右玉特色馆。三是做好服务指导。围绕本地土特产品，帮助传统企业研发一批适合规范化、标准化、包装科学化的网络适销产品，进而增加右玉县农畜产品网销量。充分发挥“农业信息进村入户”服务作用，春耕前对适合右玉县种植作物进行科学、全面的分析研判，防止出现过剩现象；秋收后对可能出现滞销的农产品集中推销，防止出现明显的滞销卖难现象，有效规避市场风险	依托国家电子商务进农村示范县项目，加快推进区域公共品培育、质量体系建设、营销策划、产品宣传等工作，按照“公司＋农户＋网商”的模式，充分利用“公益中国”、“供销E家”、京东、天猫等平台，推进电商创业孵化工作，打造电商创业孵化基地。力争2018年全县农副产品电子商务交易额突破3000万元，从事电商网络营销的企业和个体工商户增加到35家，网络销售从业人员达到100人左右

二、特色优势产业扶贫工程项目汇总

一、特色农业扶贫（种植业、养殖业、加工项目）

1. 杂粮高产创建工程

2016年投资35万元，建设杂粮高产创建基地5000亩，辐射带动15000亩。引进新品种，推广标准化生产、地膜覆盖、精准施肥、机械化作业等实用技术。工程重点布局在白头里、李达窑、牛心堡、杀虎口、元堡等5个乡镇，受益人3040人，其中贫困村8个、贫困户264户、贫困人口548人。

通过项目实施，杂粮每亩平均纯收入达到200元，项目涉及的贫困群众人均收入980元。

2. 退耕还果林项目

依托退耕还林工程，因地制宜发展水果产业，每亩补贴1500元，总投资60万元。其中，2017年发展100亩，包括牛心堡乡石塘村60亩，杀虎口马营村40亩，涉及贫困户25户，贫困人口52人。

2018年发展300亩，涉及贫困村5个，贫困户50户，贫困人口100人。

通过项目实施，果树进入盛果期，亩均收益1000元，项目涉及的贫困人口人均收入2600元。

3. 道地中药材规范化种植示范项目

2017—2018年，每年发展中药材2000亩，每亩补贴400元，总投资160万元。其中，2017年，农丰种植合作社种植板蓝根625亩，众信专业合作社625亩，大成种植合作社500亩，兴康药业合作社250亩。项目重点布局在白头里乡和高家堡乡，涉及贫困户158户，贫困人口320人。

2018年重点布局在威远镇、牛心堡乡、右卫镇，涉及贫困村12个，贫困户170户，贫困人口350人。

通过项目实施，粗略估计亩均收入1000元，总收入400万元，人均收入5900元。

4. 优质杂粮全产业链开发项目

2017—2018年，每年示范种植高产燕麦2000亩，每亩补贴100元，总投资40万元。其中，2017年，白头里野场1000亩，李达窑1000亩，涉及贫困户98户，贫困人口206人。

2018 年重点布局在牛心堡乡、丁家窑乡，涉及贫困村 12 个，贫困户 100 户，贫困人口 220 人。

通过项目实施，亩均收入 150 元，总收入 60 万元，人均收入 1400 元。

5. 优质鲜食马铃薯生产示范基地

2017—2018 年，每年建设马铃薯生产示范基地 2000 亩，每亩补贴 100 元，总投资 40 万元。重点引进示范优良品种和脱毒种薯，推广马铃薯全程机械化栽培技术。

项目在全县范围实施，涉及贫困户 1720 户，贫困人口 3910 人。

通过项目实施，每亩平均纯收入达到 800 元，总收益 320 万元，项目所涉及的贫困人口人均收入 810 元。

6. 沙棘扶贫工程

2017—2019 年，总投资 5400 万元，引进新疆大颗粒沙棘，建设优种沙棘滴灌园 3.6 万亩，其中，2017 年 1.6 万亩、2018 年 1.0 万亩、2019 年 1.0 万亩。主要布局在新城镇、杀虎口旅游区、右卫镇、杨千河乡、威远镇、牛心堡乡、李达窑乡、丁家窑乡 8 个乡镇区。项目受益人 11698 人，其中贫困户 1088 户、贫困人口 2148 人。

通过项目实施，每亩平均纯收入 1000—1100 元，总收益 3600 万—3960 万元，项目受益人包括贫困人口，人均收入 3000—3300 元。

7. 牛羊家庭养殖工程

针对产业脱贫的贫困户，每户补贴建设羊舍最少 30 平方米，政府出资 5000 元 / 人，购买并发放 10 只羊或 1 头牛或 1 头驴。2016 年覆盖 2000 户，建设圈舍 60000 平方米，每户补贴 200 元 / 平方米，自筹 100 元 / 平方米。项目重点在丁家窑乡、杨千河乡和李达窑乡东部实施。

8. 草牧业发展工程

2016—2020年，结合农业种植结构调整，每年由贫困户种植1万亩饲用牧草，每户种植20亩，覆盖500户，共计5万亩，覆盖2500户。

9. 农业产业化扶贫工程

（1）猪羊肉加工、储运、包装、养殖项目

2016年实施，总投资6300万元，重点布局在新城镇、威远镇、丁家窑乡、牛心堡乡、白头里乡、李达窑乡，涉及5688人，其中贫困村14个、贫困户1264户、贫困人口3792人。通过项目实施，项目受益人包括贫困人口，人均增收1000元。

（2）马铃薯、燕麦种植、加工、沙棘加工项目

2016年实施，总投资405万元，建设种植基地12800亩，覆盖全县所有乡镇，涉及11010人，其中贫困村25个、贫困户2446户、贫困人口7339人。通过项目实施，项目受益人包括贫困人口，人均增收700元。

2017年实施，总投资583万元，建设种植基地18500亩，覆盖所有乡镇，涉及13480人，其中贫困村36个、贫困户2995户、贫困人口8984人。通过项目实施，项目受益人包括贫困人口，人均增收800元。

2018年实施，总投资227万元，建设种植基地7200亩，覆盖全县所有乡镇，涉及2528人，其中贫困村14个、贫困户562户、贫困人口1685人。通过项目实施，项目受益人包括贫困人口，人均增收900元。

2019年实施，总投资129万元，建设基地4100亩，布局在杨千河、牛心堡乡、李达窑3乡镇，涉及1445人，其中贫困村8个、贫困户321户、贫困人口962人。通过项目实施，项目受益人包括贫困人口，人均增收1000元。

2020年实施，总投资81万元，建设基地2560亩，布局在白头里、高家堡、丁家窑3乡镇，涉及903人，其中贫困村5个、贫困户200户、

贫困人口601人。通过项目实施，项目受益人包括贫困人口，人均增收1100元。

（3）猪、羊、驴养殖、加工项目

2017年实施，总投资6700万元，布局在新城镇、威远镇、牛心堡乡、白头里乡、右卫镇、高家堡乡、杀虎口等7个乡镇区，涉及9717人，其中贫困村20个、贫困户2166户、贫困人口6478人。通过项目实施，项目受益人包括贫困人口，人均增收1100元。

（4）牛、羊、猪、驴、鸡养殖、加工项目

2018年实施，总投资7000万元，布局在新城镇、威远镇、牛心堡乡、白头里乡、右卫镇、丁家窑乡、元堡镇等7个乡镇区，涉及1776人，其中贫困村8个、贫困户395户、贫困人口1184人。通过项目实施，项目受益人包括贫困人口，人均增收1200元。

2019年实施，总投资7500万元，布局在威远镇、新城镇、杨千河乡、右卫镇等4个乡镇，涉及2500人，其中贫困村7个、贫困户560户、贫困人口1680人。通过项目实施，项目受益人包括贫困人口，人均增收1300元。

2020年实施，总投资7800万元，布局在丁家窑、李达窑、威远3个乡镇，涉及2100人，其中贫困村6个、贫困户480户、贫困人口1440人。通过项目实施，项目受益人包括贫困人口，人均增收1500元。

二、光伏扶贫

光伏扶贫电站建设项目。2016—2018年，总投资9.69万元，建成集中式光伏扶贫电站114MW，每年安排建设光伏扶贫电站38MW。其中，2016年光伏项目由右玉国电中兴科技开发有限公司实施，已完成选址；右玉国电中兴科技开发有限公司38MW光伏发电项目。预计投资4.3亿元，装机规模38MW，选址在牛心堡乡老墙框村周边，占用荒地1800亩，初步设计接入十里铺 110KW 变电站。

三、电商扶贫

1. 2016 年村级电子商务服务点建设项目。项目投资 116 万元，建设电子商务网点 58 户，覆盖全县 11 个乡镇区，涉及 2200 人，其中贫困村 31 个、贫困户 150 户，贫困人口 450 人。通过项目实施，项目受益人包括贫困人口，人均收入 500 元。

2. 2017 年村级电子商务服务点建设项目。项目投资 200 万元，建设电子商务网点 100 户，覆盖全县 11 个乡镇区，涉及 3200 人，其中贫困村 44 个、贫困户 300 户、贫困人口 900 人。通过项目实施，项目受益人包括贫困人口，人均收入 800 元。

后 记

改革开放以来，党和政府带领全国各族人民开拓创新，实施有计划、大规模开发式扶贫，7亿多贫困人口脱贫，对全球减贫贡献率超过70%，创造了人类减贫史上的奇迹，成功走出了一条中国特色扶贫开发道路。联合国秘书长古特雷斯在致2017减贫与发展高层论坛贺信中，高度评价中国精准扶贫成就，称赞“精准减贫方略是帮助贫困人口、实现《2030年可持续发展议程》宏伟目标的唯一途径。中国已实现数亿人脱贫，中国的经验可以为其他发展中国家提供有益借鉴”。本书作为国务院扶贫办组织编写的新时代中国县域脱贫攻坚研究书系成果之一，旨在为深入推进中国扶贫实践、扶贫经验总结和扶贫事业发展提供有力支撑。

右玉县位于晋西北边陲，邻近毛乌素沙漠边缘，属于晋西北黄土高原地区。全县总面积1964平方公里，群山环绕，南高北低，总人口约12万。曾经被认为是不适宜人类生存的地方，同时又是国家级贫困县。环境恶劣、风沙肆虐、水资源匮乏等一系列问题，导致人民生活水平低下。在我国社会主义建设中，右玉20任县委书记在将近70年的时间里，带领全县广大人民群众防风治沙，植树造林，使全县林木覆盖率成指数型增长，创造了伟大的绿色奇迹，凝聚成伟大的“右玉精神”。

2018年右玉县成为山西省首批脱贫摘帽的国家级贫困县之一，生态文明建设成为右玉打赢脱贫攻坚战的关键举措。习近平总书记先后五次对右玉坚持不懈造林绿化的实践作出重要指示和批示，指出，右玉精神体现的是全心全意为人民服务，是迎难而上、艰苦奋斗，是久久为功、利在长远；右玉精神是宝贵财富，一定要大力学习和弘扬。

右玉精神体现了为人民谋幸福的“初心”，始终坚持以人民为中心的发展思想，让人民群众有更多的获得感、幸福感和安全感；右玉精神践行了习近平生态文明思想，始终坚持在“绿”上做文章，积极探索“绿水青山就是金山银山”实践的右玉模式；右玉精神体现了党政治文化的深厚滋养，始终坚持思想建党制度治党同向发力，自觉在思想上政治上行动上同以习近平同志为核心的党中央保持高度一致，是开展“不忘初心、牢记使命”主题教育的生动教材。

在国务院扶贫办的领导和支持下，全国扶贫宣传教育中心把右玉脱贫摘帽经验的总结研究列入重点研究计划，组织民生智库、国家人力资源和社会保障部劳动关系司原巡视员茹英杰、中国社会科学院经济研究所研究员彤新春、北京师范大学环境学院教授李春晖、首都师范大学教育学院副教授荣利颖、河南农业大学文法学院副教授赵意焕、中国医师协会研究部研究员任曲等十多位不同学科领域的专家学者，历时一年，在规范、全面、深入、扎实的实地调研基础上，通过文献查阅、入户访谈、县乡村三级座谈等方式，和右玉县有关部门一起搜集整理图片、视频、文本、案例等各类资料、数据，综合运用定量分析、定性分析研究方法，以丰富翔实的论据展现右玉县摘帽过程与成效、做法，系统提练右玉县脱贫攻坚典型经验，感受右玉脱贫摘帽后的变化。

本书具体包括以下几个方面：概要对右玉县脱贫攻坚的主要做法、经验和案例整体总结，以绿闻名的右玉，脱贫道路得益于尊重客观规律，坚持科学发展，统筹规划，多管齐下。第一章到第三章从环境资源、历史文化、经济发展三方面客观阐述了右玉县情，分述右玉精神的形成以及整个扶贫过程、进展和成效。第四章到第八章分析了右玉针对不同致贫原因所实施的精准扶贫方略，主要为产业扶贫、生态扶贫、民生扶贫和社会保障扶贫。最后一章第九章是对右玉成功经验的总结与迈向未来的建议。

在课题研究和本书写作过程中，国务院扶贫办宣教中心给予了大力支持，右玉县委、县政府和有关部门进行了全方位协助，出版社编辑、专家提出了有益建议，对本书的形成和完善起到了重要作用，在此一并表示诚挚的谢意。由于时间和课题组作者水平的限制，本书对右玉县脱贫攻坚经验总结在深度和广度上所存在不足之处，有待今后进一步研究。敬请读者对本书提出意见和建议，也期待与读者就右玉县减贫课题进行更多的交流。

本书编写组

2019 年 4 月